私釈親鸞

伊藤　益　著

北樹出版

目次

私釈親鸞

序　章　仏陀の教え

一　親鸞思想の核心

この講義は、わたしが日本における浄土教の大成者と考える親鸞《しんらん》の思想に関して、その核心に迫ろうと企てるものです。偉大な思想家の思想は、その外貌がいかに難解なものであろうと、一言を以ていいあらわすことが可能です。たとえばカントの膨大な体系は、意志と道徳法則との完全なる合致としての「自由」を追求することにその眼目が存するといえましょうし、またヘーゲルの弁証法的体系の主眼は、絶対精神の自己展開の過程を闡明《せんめい》するものであったと申せましょう。親鸞の場合も同様です。わたくしどもは、親鸞晩年の高弟唯円《ゆいえん》が親鸞の言説を祖述した書『歎異抄《たんにしょう》』をとおして親鸞に触れる場合には、親鸞思想をさほど難解なものと感じることなく、その核心を見極めてゆくことが可能のように思うことでしょう。ところが、弟子の聞き書きを介してではなく、親鸞自身の言説をとおして親鸞思想を跡づけようとすると、事態はきわめて困難な相貌を呈してきます。親鸞を親鸞自身の言説から理解しようとするならば、当然、主著『教行信証《きょうぎょうしんしょう》』（顕浄土真実教行証文類《けんじょうどしんじつきょうぎょうしょうもんるい》）を読破しなければならないのですが、漢文で書かれ、各種経典や論釈をちりばめたこの書を読み抜くことは至難であるとしかいいようがありません。ところが、この難解きわまりない書物の核心が「信巻」のアジャセ王の物語にあると解するならば、親鸞がその生涯をかけて何をいいたかったのかが、はっきりしてまいります。親鸞は、父親を殺したアジャセのような極悪人が、いかにすれば正覚《しょうがく》を得て救われるのかという問題を、自身の生涯をかけた課題としていたのでした。このことに関して、植木等というタレントにまつわる次のようなエピソードをご紹介しておきたいと思います。

　植木等は、昭和三十年代後半から四十年代にかけて一世を風靡したコミックバンド「クレイジーキャッツ」のボーカルでした。植木等は、歌手でもあり俳優でもあったのですが、彼の代表作は、映画「無責任男シリーズ」でしょう。この映画の中で、植木等は、徹底して無責任でありながらも真面目な社員たちを差し置いてどんどん出世してゆく、軽薄なサラリーマンを演じました。彼の軽妙洒脱な演技は観客を魅了し、映画は大ヒットしました。そんなとき、シリーズの第何作目かで、植木は、主題歌をうたうことになりました。プロデューサーから歌詞を見せられたとき、植木は呆然としました。「こんなふざけた歌をうたっていいのか」と思ったのです。地の植木、一人の市民としての彼は、役柄からは想像もできないほどの真面目な人間だったのです。その植木を呆然とさせた歌詞は、次のようなものでした。

ちょいと一杯のつもりで飲んで
いつの間にやら梯子酒《はしござけ》
気がつきゃホームのベンチでごろ寝
これじゃ体にいいわきゃないよ
わかっちゃいるけどやめられない
スィースィスーダララッタスラスラスイスイスイ

作詞は青島幸男。どうしようもない酔っ払いを描いた詞です。植木は悩みました。いくら映画をおもしろくするためとはいえ、こんなふざけた歌をうたってよいものかどうか、悩みぬいた挙句、彼は、浄土真宗の寺の住職をしていた自分の父親に相談してみることにしました。植木の父親は、謹厳実直を絵に描いたような人物で、非常に厳しく植木に接していました。おそらく植木は、無意識のうちに、父親から弾劾され、当面の歌をうたえなくなることを期待していたのでしょう。ところが、植木から右の歌詞を見せられ、うたうべきか否かを相談された父親は、しばし歌詞を熟読したのち、植木にこういいました。「う〜ん、じつに深い。さすがは青島だ」と。植木は驚きました。父は当然激怒すると思っていたからです。植木が恐る恐る父親に真意をただしてみると、父親は次のようにいったそうです。「わかっちゃいるけどやめられない」という一節がすばらしい、これこそまさに親鸞聖人の思想を語るものだ、と。

こうした次第で、植木はこの歌、すなわち「スーダラ節」をうたうことになり、主演の映画とともに、それは大ヒットして、ミリオンセラーとなりました。わたしは、植木等の父親が青島の歌詞を熟読して示した反応は、けっして間違っていないと思います。親鸞は、罪悪にまみれ燃え盛る煩悩《ぼんのう》に身を焼かれたわたしたち凡夫が、いかにすればお浄土へと往生し、正覚を得ることができるのかを、生涯の課題とした宗教思想家だからです。常時煩悩にまみれたわたしたちは、何をしてはいけないのか十分に承知しながらも、そのしてはいけないことをどうしてもせずにはいられません。たとえば、わたしはそうとうな酒好きです。しかし心臓が悪いので、たくさん飲んではいけません。にもかかわらず、どうしてもたくさん飲まずにはいられないのです。まさに「わかっちゃいるけどやめられない」のが、わたくしども凡夫というものであり、その凡夫をいかにしてお浄土へと救い取ればよいのかを、親鸞は真剣に考えたのでした。親鸞の思想の核心を一言で語るとすれば、「わかっちゃいるけどやめられない」煩悩具足の凡夫の救いを見いだすことにあった、と申せましょう。

二　苦の思想

親鸞が求めたのは、「わかっちゃいるけどやめられない」凡夫の救済でした。その意味では、親鸞が大成した浄土教は、「救済の宗教」であったといっても誤りではないと思います。しかし、浄土教の大元にある仏陀（釈尊）の教えは、「無我」の教え、すなわち、「我」というものがないことを「覚る《さと》」方向へとわたしたちを導く教説であったはずです。釈尊の教えは、本質的に「覚《かく》の宗教」であったといえます。親鸞を始め浄土教の祖師たちは、いうまでもなく仏教徒です。すると、「覚の宗教」である仏教の中に、「救済の宗教」である浄土教は、どのように位置づけられるのかが問われなければなりません。浄土教は仏教の原義からはみ出すもの、すなわち仏教の鬼子のようなものなのでしょうか。それとも、仏教には浄土教を生み出す素地がもともと含まれていたのでしょうか。わたしたちは、親鸞が何を求め、何を考えたのかをあきらかにするに当たって、まず第一に、そのことを問わなくてなりません。そのためには、釈尊自身が何を問題としてどのような思索を展開したのかを跡づけておく必要があります。

釈尊は、わたしたちが生きているこの現世を「苦」に満ちた世界と見なしました。苦とはある種の辛さのことで、人生に関して辛さを味わった経験のない人はいないと思います。しかし、わたしたちは、ふつう人生は辛いことばかりではなく、楽しいこともあると考えます。ところが、釈尊は、人生は辛いことばかりで楽しいことなど何もないというのです。釈尊は、まず四つの苦を挙げます。「生《しょう》」「老《ろう》」「病《びょう》」「死《し》」のいわゆる「四苦」です。これらがいったいどのような意味で苦だというのか、釈尊の教えを順に追ってゆきましょう。

まず「生」ですが、これについては、初期仏教に関する伝統的な解釈が二つに分かれます。一つは、人間が生まれることと解するもので、もう一つは「老」「病」「死」の基盤としての「生きること」そのものをさすとする見解です。わたしは、じつはサンスクリットもチベット語もパーリ語も漢文も読めません。したがって、初期仏教の伝統的な研究に対して物申す資格はないのですが、あえて直観的に申しますと、二つの解釈はいずれも妥当性を持っているように思われます。なぜなら、生まれることも生きることもともに辛いことのように見えるからです。

生まれるということは、母の胎内で羊水に浸かっていた赤ん坊が、狭い産道を通ってこの世に姿を現わすことを意味しています。母の胎内ののどかな状態から、寒暖の差の激しいこの世界の中に出てくることは、おそらく苦痛以外の何ものでもないでしょう。赤ん坊は生まれ出て間もなく、激しい泣き声を上げます。これは、生まれ出たことを喜ぶ叫びではなく、苦痛を訴える声ではないでしょうか。だとすれば、生まれることはまさに苦しみにほかならないというべきだと思われます。

一方、生きることが苦に満ちていることは、誰も否定することができないでしょう。生きるためには労働しなければなりません。生き甲斐のある仕事に精を出すことは楽しいことかもしれません。しかし、ただ食べるためにのみ、意に染まぬ仕事をすることは苦痛以外の何ものでもないでしょう。わたしは、食べるためにではなく、楽しむために哲学教師になりました。そんなわたしにとって、皆さんの前でこうして話をすることは、楽しみにこそなれ、けっして苦痛ではないはずです。にもかかわらず、こうやって話すこと自体が苦痛に感じられることが、しばしばあります。できれば酒でも飲んで、ぼんやりとしていたいのに、食べるために哲学の話をしなければならない。そう思うと、講義がとても苦痛になるのです。そのほかにも、生きることにはさまざまな苦が伴います。わたしの場合ですと、娘の勤務時間が長すぎるのではないかとか、妻の体調とかいろいろと心配ごとがあり、それらに面と向き合うとき、容易には晴らしがたい辛さにとらわれるのです。生まれることとしての「生」も、生きることとしての「生」も、いずれも苦である点においては同等だといってもよいのではないでしょうか。釈尊は、生まれることと生きることの両方を苦と見る観点から、生苦を説いた、とわたしは考えます。

次に「老」すなわち「老いる」ということです。これが苦痛でないといい切れる人は少ないのではないでしょうか。老いれば、目が見えにくくなりますし、体が曲がってきます。頭の毛も薄くなりますし、白髪も増えます。顔には深い皺が刻まれ、体力全般が失われてゆきます。これを苦にしない人は一人としていないと思うのですが、いかがでしょうか。古代ローマの卓越した弁論家でもあり思想家でもあったキケロは、『老年について』という晩年の著作の中で、「肉体の視力が衰えれば衰えるほど、精神の視力はいや増しに増す」と述べています。たしかに、精神の視力、すなわち老齢に伴う知恵に、若者が無視できないものがあることは事実でしょう。しかし、見えづらくなった目で外界をとらえることは、やはり苦痛です。若さに大きな価値があるとは、一概にはいい切れないことでしょう。ですが、老いの中で若さに憧れるわたくしども老齢者の心中には、やはり老苦があるといっても誤りではないと思います。釈尊は、老齢者の偽らざる現実を目の当たりにして、あるいは、己れ自身の老いの体験を踏まえて、老苦を説いたものと思われます。

「病」が苦であることについては、ことさらに論ずるまでもないでしょう。病気とはじつに苦しいものです。わたしは、数十年にわたって不整脈とうつ病を患っておりますが、これらの病《やまい》を楽しいと思ったことなど一度もありません。不整脈の発作に見舞われたときは、苦しさに身悶えしますし、うつ情態に陥ったときには、いっそ消えてなくなりたいとすら思います。もちろん、さまざまな病にとらわれながら、達観しつつ冷静にそれらを受けとめる境地というものがあることは、理解しています。しかし、すくなくともわたしのような凡愚は、そのような境地に達することができません。釈尊は、おそらく病苦を克服しておられたことでしょう。けれども、わたしのような凡愚は、病苦に責めさいなまれてただうろたえるばかりです。釈尊は、凡愚のこのような在りようを念頭に置いて、病苦を「四苦」の中に数え入れられたものと思われます。

「四苦」の最後を締め括るものが死苦です。死苦とは何かを知るためには、当然ながら、死とは何かを認識していなくてはなりません。ところが、死とは何かとは誰にも解けない難問です。おそらく釈尊でさえも、この難問に答えるすべを持っておられなかったのではないでしょうか。なぜ分からないのか。答えは簡単です。死は誰にも体験できないからです。体験するということは、あることを実際に経験した上で、それを他者に向かって語ることができるということを意味しています。ところが、死は一度経験してしまうと、経験の主体が現世に存在しなくなってしまうという事態ですから、誰もそれについて語ることができません。その意味で、死とは体験不可能な体験なのです。体験不可能であるかぎり、死が何であるかは分かりません。分からないものを恐れることはばかげています。したがって、それは本来苦の対象にはならないはずです。にもかかわらず、わたしたちは、死を最大の苦ととらえ、それを恐怖します。おそらく、死には次のようなイメージが伴っているからでしょう。

わたしたちは、自分が死ねば自分の意識が無になると考えています。自分の意識がなくなるということは、自己を基点に置くすべての関係が断たれて、たった一人ポツンと真っ暗な宇宙の中に取り残される姿を想像させます。自分以外には誰もいない暗黒の空間、その中に誰とも交わらずに一人ぽつんと在る己れの姿をイメージすることによって、わたしたちはいしれぬ恐怖に取りつかれます。自分が死ねば、いままでそこに安らいでいた関係的世界が消滅する、そう思うと、死は他の何ものにも増して恐ろしいものと感じられることでしょう。こうしたイメージのもと、わたしたちは、己れの死をこの上もない苦ととらえることになります。ほんとうは、死が苦であるかどうかは誰にも分かりません。もし死が無化を意味するとすれば、死とは、他のすべての苦しみを取り除いてくれる安楽の境地かもしれないのに、ほとんど理由もなくわたしたちは死を恐れるのです。釈尊はそのことを熟知するがゆえに、死を「四苦」の中に据えられたのでありましょう。

釈尊がいう苦とは、四苦だけには止まりません。四苦に加えてさらに四つの苦があると釈尊はいいます。「愛別離苦《あいべつりく》」「怨憎会苦《おんぞうえく》」「求不得苦《ぐふとくく》」「五蘊盛苦《ごうんじょうく》」の四つです。これらを苦とする釈尊の現実認識には、きわめて鋭いものがあると申せましょう。まず愛別離苦です。これは、どれほどにいとおしく思う相手ともかならず別れなければならないという苦しみです。わたしたちは、生きているかぎりかならず他者を愛します。しかしいかに強烈な愛情を覚えようとも、その相手とはいつかかならず別れざるをえません。自分も相手も絶対に死の宿命を逃れることができないからです。よい歳をして気恥ずかしいことをいうようですが、わたしは妻をとても大切に思っています。できれば妻とは別れたくない、死ぬときは共にと思います。しかし、どうあがいても同一の死を迎えることはできません。死に方、死ぬ時間を共有するとしても、妻の死は妻自身の死であり、わたしの死はわたし自身の死だからです。愛別離苦は、人生の根幹にまつわるもっとも基本的な苦しみと申せましょう。

それに比べれば、怨憎会苦はさして大きな苦悩ではないように見うけられます。これは、憎らしいと思う人間と会わなければならない苦しみです。誰しも、学校や職場には会いたくないほどに憎らしい人間が一人はいるものです。憎らしい人間には会わない方がよいでしょう。しかし、学校や職場に行かないかぎり日常生活が成り立たないとすれば、わたしたちは、どんなに憎い相手とも会い、場合によってはことばを交わさざるをえません。ただし、あえて憎い相手を作らないように自分の生活をコントロールすることはできます。憎しみは、こちらの心の持ちよう次第で、消えてなくなるものです。そういう意味では、怨憎会苦は愛別離苦ほどの辛さを伴っていないようですが、それが日常生活の中でしばしばわたしたちをとらえてはなさないことは、否定しようがないようです。

求不得苦は、文字どおり求めて得ざる苦しみです。ひとはさまざまな物・事を求めます。金銭や地位、友人や恋人などです。しかし、これらのものを求めても手に入れることができるとはかぎっていません。金銭も地位も、友人も恋人も、何一つとして得られないことすらあります。求めて得られないことはとても辛いことです。わたしは、いま哲学の教師として皆さんの前に立っているわけですが、本来は哲学教師になる予定ではありませんでした。小説家、それも時代物作家になりたかったのです。大学院に入学したのも、そのための時間稼ぎをするためでした。ところが、大学院という場は研究の場であって、わたしに小説を書く時間を与えてくれませんでした。小説の代わりに論文を書いて、わたしは哲学教師になったという次第ですが、小説家になりたいという夢は容易には捨てられませんでした。老齢となってようやく諦めがつくまで、わたしは「こんなはずではなかった」という思いに取りつかれていました。それはまさに求めて得ざる苦しみであって、多年にわたってわたしに辛さをもたらしました。釈尊は、たとえばわたしのような諦めの悪い人間を念頭に置きながら、求不得苦ということを強調されたのでしょう。

五蘊盛苦は、説明の難しい苦です。まず第一に五蘊とは何かがわたしにははっきりと分かりません。要するに、人間の心身の働きのすべてをさして五蘊というようですが、それらの働きがなぜ辛さを導くのかが理解できないのです。ただ、自分自身の経験に照らし合わせてみて、これだけはいえるということがあります。心身の機能、とくに意識や認識能力、好悪の感情などが盛んに働いているとき、人間の心は落ち着きをなくすということです。たとえば、わたしはいま皆さんの前で講義をしています。皆さんには、わたしが全身全霊を傾けて、無我夢中で話をしているように見えるかもしれません。たしかに、わたしは怠けているわけではありません。ある程度神経を尖らせながら、集中して語っています。しかし、仏陀の苦の思想についてあれこれと考えながら、わたしは同時に別のこと、講義内容と全然関係のないことを頭に思い描いています。まだ五月だというのに、今日は暑いですね。真夏の陽気だといってもいいでしょう。わたしは、頭の片隅で、この講義を終えて自宅に帰ればビールが飲める、酒が飲めると考えています。人間の意識や認識能力が一気に働くということ、すなわち五蘊が活動するということは、こういうことをさしているのではないでしょうか。五蘊の活動によって、心は静けさを失います。このこと、つまり心の平安の喪失を釈尊は五蘊盛苦と呼んだものと、いまは一応そのように解釈しておきたいと思います。

生老病死の四苦に愛別離苦、怨憎会苦、求不得苦、五蘊盛苦を合わせて、「四苦八苦」といいます。これは現代でも使うことばですね。たとえば、「伊藤の単位を取るのに四苦八苦した」というふうに、わたくしどもは日常的にこのことばを使っています。人生は四苦八苦に満ち満ちているというのが、釈尊の認識でした。釈尊は、人生を超越する形でこうした四苦八苦から脱することを「覚り」ととらえます。釈尊とはゴータマ・ブッダのことですが、ブッダとは「覚った者」「覚者」のことを意味します。釈尊にとって、すなわち初期仏教にとって、もっとも大きな課題は、この現世の苦である四苦八苦をいかに乗り超えるのかということにありました。「覚者」釈尊は、それを乗り超えたのです。どのようにして、どういう考え方に基づいてでしょうか。仏教の根源に迫るためには、この点を理解しておかなくてはなりません。

三　無我の立場

通常、わたしたちは、まず自我というものがあって、それがさまざまな意識や感情の主体になると考えています。この考え方によれば、自我があるがゆえに苦という感情や意識もあるということになります。ところが、釈尊は、自我などというものは、本来存在しないといいます。自我とは、いわば仮象の存在であって、ただ存在するかのように見えるだけだというのです。いいかえれば、一切は無我であるというのが、釈尊のこの現世に関する基本認識であったといえます。一切が無我で自我がどこにもないとすれば、つまり自我を措定する思念が虚妄にすぎないとすれば、この世の苦には何らの主体もないことになります。釈尊によれば、四苦八苦を身に受ける存在は無我であって実体がないのです。ならば、わたしたちが四苦八苦に苦しめられているのも仮象の姿でしかなく、何らの実体性もない事態であることになります。わたしたちは、四苦八苦に苦しめられていると思っているけれども、それは自我を措定することによって生じた虚妄の事態でしかないというのです。このように考えると、わたしたちは、四苦八苦を容易に乗り超えることができます。もとより、己れは無我だと覚ることは、容易なことではありませんが、そのように覚ることさえできれば、もはや四苦八苦を恐れる必要はありません。

釈尊は、どうやら「一切皆空」という立場に立っていたようです。一切の事物は空であって、実体を伴わないという考え方は、厳密には紀元二世紀ころの仏教思想家龍樹（ナーガールジュナ）に由来するもので、釈尊自身が説いたものではありません。しかし、自我というものが存在せず、一切は無我であるという釈尊の主張は、龍樹の空論の前提となっているといえます。釈尊の無我の教えに導かれて龍樹は空論を主張した、といっても誤りではないでしょう。「一切皆空」という立場は、もし「空」という概念を釈尊が知っていたならば、彼はかならずそれを説いたはずだと思われます。そして、もし一切が空であるとすれば、四苦八苦を身に受ける主体のみならず、四苦八苦それ自体に実体がないことになります。わたしたちは、実体がないものにとらわれる必要がありません。「一切皆空」という立場に立つことによって、わたしたちは苦から脱却する途《みち》を見いだすことができます。

一切が空であるということは、この世に存在しているかに見えるすべての存在者が、それ自体としては無自性《むじしょう》であることを意味します。無自性とは、独自の性格すなわち本性がないということにほかなりません。では、それ自体としての本性がないものが、存在者の姿をとって私たちの前に現われるのは、いったいどうしてでしょうか。釈尊は、それは「縁」によると考えます。縁とは関係性という意味です。この講義を聴いておられる皆さんの前には、机がありますね。それが机として在るのは、それを使用する皆さんがいるからです。机は皆さんとの縁、関係性の中で、初めて机としての存在性を持つのです。その他のものも同様です。わたしが後ろを振り返ればそこには黒板がありますが、それが黒板として在るのは、チョークやそれを使って文字を書くわたしという存在者があればこそです。チョークやわたしから切り離された黒板それ自体、黒板そのものなどというものは、どこにもありません。釈尊の無我論を推し進めて行けば、当然そういうことになります。

もう十年ほど昔のことになるでしょうか。一時「自分探しの旅」という言《こと》の葉《は》がはやったことがありました。いま他人からこう見られている自分は、本来の自分ではない、見られている自分の奥底に本当の自己そのものというものがあるはずだ、という思いに駆られて、人々は「自分探し」をしたのです。本学の学生の中にもそうした人が多数おりました。大学での四年間の生活をとおして、本当の自分を見つけたい。そのようにいう学生を、わたしは数多く見てきました。しかし、誰一人として、本当の自分なるものを見つけた人はいなかったようです。当然でしょう。釈尊が説くように、自分なるものは縁の中で初めて自分たりうるのであって、縁から切り離された自分自身、本来の自己などというものは虚妄にすぎないからです。たとえば、わたしは、母伊藤恭子の息子として、妻伊藤淳子の夫として、娘伊藤遥子・伊藤生子の父として、さらには、筑波大の学生諸君の教師としていまここにあるのであって、伊藤益そのものなどというものはどこにもないのです。一切の関係性から離れた本当の自分などというものはどこにもいないのであって、「自分探しの旅」とは、けっして何ものをも得ることのない、虚しい放浪の旅でしかありません。

釈尊は、一切を無我と見切ることによって、すべてが縁という名の関係性の中でのみ存在性を示しうると考えました。この教えのもとでは、あらゆる苦が無自性であるということになります。このことを認識することが、わたしどもを苦から超脱させる、釈尊は、四苦八苦を説く際に、そのように考えていたのでした。いいかえれば、釈尊にとって覚りとは、万事万物がそれ自体としては無自性で、すべて縁によって成り立っていることを見極めることだったと申せましょう。その見極めは容易なことではないかもしれません。わたしたちは、自分自身をも含めて現生《げんしょう》（現世）に存在するものをそれ自体で存在する実体と見る思考に馴《な》らされているからです。しかし、そうした通俗的思考を離れ、一切《いっさい》無我《むが》、もしくは一切皆空《いっさいかいくう》という立場に立つとき、わたしたちは、静謐な落ち着きの境地に達することができます。この精神の静寂なる在りようこそが、釈尊のいう覚りであったと思われます。

　そうすると、ここに一つの大きな問題が顔を覗かせます。仏教でいう「輪廻《りんね》」をどうとらえるべきか、という問題です。輪廻とは、一切衆生が生死を離れることができずに、地獄《じごく》、餓鬼《がき》、畜生《ちくしょう》、修羅《しゅら》、人間《にんげん》、天《てん》の六つの世界を経巡《へめぐ》りつづけることを意味しています。六つの世界を経巡るためには、自我というものが必要です。つまり、輪廻の主体がなくてはなりません。ところが、釈尊によれば一切は無我です。そうすると、輪廻をする主体がどこにもなく、輪廻そのものが成立しないことになります。釈尊以後の仏教はほぼ例外なしに輪廻を説きます。しかし、輪廻する主体がどこにもないということになれば、輪廻をどう考えればよいのか説明がつかなくなります。死後に魂というものが存続し、それが輪廻するという見方が一応は成り立つように思えますが、一切を無我と見切る釈尊の教えにおいては、魂などというものは存在しえません。釈尊はほんとうに輪廻を説いたのでしょうか。

一切は無我であるという教えと輪廻説とが両立しえない事実は、釈尊が元来輪廻を説かなかったことを意味するといえるのではないでしょうか。輪廻説は、おそらく釈尊の入滅後にインドの土着思想から仏教に取り入れられたもので、仏教はもともと輪廻説とは無関係であったと考えられます。一切は無我であることを知った刹那、わたしたちは生死流転《しょうじるてん》の世界から超脱（解脱《げだつ》）する。それこそが覚りであり、その境地へと達することが釈尊のめざした仏教であるといっても誤りではないでしょう。浄土教は、一切衆生が、汚濁にまみれた現実世界を超脱して常住不変の清浄なる浄土へと至ることを求める仏教宗派です。浄土教では、衆生がそこにおいて苦しみをなめる場として輪廻の世界が認められています。しかし、その輪廻を超えることをめざすという意味では、浄土教は輪廻を説かない釈尊の教えに忠実に従う宗派だということができます。では、その浄土教は、どのような史的経緯を経て成立するに至ったのでしょうか。親鸞思想の核心に迫るためには、その点を概観しておく必要があります。

第一章　浄土教思想史

一　大乗仏教の成立

釈尊は紀元前五世紀ころに活動した仏教の創始者ですが、いつごろ入滅したのかは正確には分かっていません（昨今の研究では、紀元前四世紀初頭ころと考えられています）。ただ八十歳で亡くなったことだけはたしかです。当時としてはかなり長命であったといえましょう。釈尊が、一切は無我であり、したがって苦に拘泥することは虚《むな》しいという教えを遺《のこ》して亡くなったのち、仏教は、多くの派閥に分かれてしまいました。大別すれば、釈尊の教えを忠実に守り抜こうとする保守的な上座部《じょうざぶ》仏教と、釈尊の教えを根幹に据えながらもそこに時代状況に応じた新たな考え方を付け加えてゆこうとする、比較的革新的な大衆部《だいしゅぶ》仏教とに分かれました。さらに、上座部仏教は十一の派閥に、大衆部仏教は九つの派閥に分かれ、総計二十もの派閥が生まれました。これらを、現代の研究者たちは「部派仏教《ぶは》」と呼んでいます。

部派仏教は、相互に多少の温度差を保ちつつも、総じて、厳格な戒律を守って修行することによって、自己（修行者）の覚りを得ようと企図するものでした。部派仏教では、修行ができる選ばれた者の覚りが主眼とされ、日常を生きる一般大衆の覚りはほとんど問題にされていなかったといっても過言ではありません。もとより、一般大衆などどうなってもよいと考えられていたわけではなく、修行者にお布施をする一般人はそれによって救いを得るとされていました。しかし、お布施をしただけで覚りが得られると考えられていたわけではありません。部派仏教は、一般大衆を覚らしめることに関して、まったく無関心ではないにしても、あまり大きな関心を寄せていなかったと申せましょう。紀元前一世紀ころになると、こうした部派仏教の在り方に対して不満を懐く人々が現われます。彼らは、厳格な戒律を守って修行することができる一部の選ばれた人間のみならず、修行とは無縁に日常生活を送る一般の人々をも覚りへと導こうとするのが、釈尊の意図するところであったと考えました。彼らのそうした考え方は、いわゆる「大乗仏教《だいじょう》」運動として具体化します。

「大乗仏教」の「大乗」とは、大きな乗り物という意味です。大乗仏教の担い手たちは、部派仏教が一部の選ばれた人々のみを救う小さな乗り物であるのに対して、自分たちの説く仏教はすべての衆生を覚らせて救済する大きな乗り物であると自負したのです。ここに仏教は、大乗仏教と小乗《しょうじょう》仏教とに二分されることになりました。

ただし、気をつけなければならないのは、「大乗」「小乗」という名称は、あくまでも大乗仏教の側で使われたもので、在来の部派仏教は、みずからを小乗仏教とは呼ばないという点です。小乗とは貶《おとし》める意を含む名称であり、部派仏教の側からすれば、自分たちがそのような蔑称を与えられるいわれはありません。しかし、大乗仏教の成立によって、仏教が大きく変貌したことは事実です。小乗仏教、すなわち部派仏教で行われていた、出家と在家の区別は、大乗仏教では意味をなさなくなります。大乗仏教では、出家のみならず、在家の人々も菩薩の導きによって覚者となりうるのです。大乗仏教とは、在家の人々のための仏教であったといってもよいと思います。

このように、大乗仏教の本質は一つには在家主義にあります。そしてもう一つは、利他主義です。仏教では自利・利他ということがいわれます。自利とは、自分が修行を積んで覚りへと至ることです。小乗仏教、すなわち部派仏教は、まさに自利に重きを置いています。これに対して、大乗仏教は、自分が覚りに至ることを求めると同時に、他者が覚って救われることを追求します。否、厳密にいえば、大乗仏教においては、自分の救いなどどうでもよいのです。己れを度《ど》する前に他者を度《ど》すること、つまり己れの覚りを副次的なものとして、もっぱら他者の覚りと救済とを考える点に、大乗仏教の特徴があるといえます。

しばしば指摘されることですが、釈尊の教えは自己の覚りを第一義的に考える「覚の宗教」であったのに対して、大乗仏教は一般大衆の救いを主眼とする「救済の宗教」であるといわれます。そのような特徴づけはけっして誤っているとはいえません。しかし、釈尊に衆生救済の意識がなかったと考えることは、誤りではないかと思われます。釈尊は「慈悲《じひ》」ということを強調します。慈悲の「慈」とは衆生に楽をもたらすことで、「悲」とは衆生の苦を取り除くことを意味します。四苦八苦を超脱する道を説く釈尊の教えは、慈悲の精神に沿ったもので、それは、大乗仏教へと直接につながってゆくと見ても間違いではないでしょう。大乗仏教の中で、「救済の宗教」としての性格をもっとも鮮明に示すものが浄土教です。では、浄土教は、どのような形で芽生え、どのようにして確立されていったのでしょうか。

二　インド・中国の浄土教

紀元前一世紀ころに萌芽した大乗仏教を大成したのは、龍樹《りゅうじゅ》（ナーガールジュナ）でした。北インドで二世紀ころに活動した龍樹は、釈尊の無我の教えを独自に発展させて、空論を確立しました。一切皆空という認識は、釈尊において芽生え、龍樹において明確な形をとったといえます。龍樹は、二世紀ころにまとめられていた大乗仏教のさまざまな経典に独自の解釈を加え、それらを厳密に校定してゆきました。今日わが国に存在するすべての仏教宗派は、龍樹に由来するといっても過言ではありません。彼が、「八宗の祖」と称せられるゆえんです。「八宗」とは、三論《さんろん》、成実《じょうじつ》、法相《ほっそう》、華厳《けごん》、倶舎《くしゃ》、律《りつ》の南都六宗に天台《てんだい》、真言《しんごん》の二宗を併せた平安仏教の総称ですが、鎌倉時代に確立された浄土宗も龍樹を祖とする立場に立っています。禅宗と日蓮宗の立ち位置は微妙ですが、前者は釈迦直伝の仏法たることを自任しつつも、釈尊以降の法統の中に龍樹を加えております。また、後者は、代表的な大乗経典の一つである法華経に依拠する点において、龍樹からの伝統を無視するものではないと申せましょう。

かくして龍樹によって大成された大乗仏教の中に、やがて浄土教が芽生えてきます。紀元五世紀に活動したガンダーラ地方の僧世親《せしん》（ヴァスバンドゥ）が、「厭離穢土《おんりえど》、欣求浄土《ごんぐじょうど》」の教えを説いたのです。世親は、元来唯識《ゆいしき》思想に造詣を示した思想家でした。ところが、晩年になって浄土教思想に目覚めます。『往生論《おうじょうろん》』（浄土論《じょうどろん》）なる書物を著わし、濁世に生きる衆生はすべからく浄土への往生を願わなくてはならないと説いたのでした。釈尊が説いたように、この現世は苦に満ち満ちた穢れの世界です。その汚穢の土《ど》を厭い離れて、永遠なる清浄の世界たる浄土をめざさなければならないというのです。清浄の土、すなわち浄土へと至るためには、浄土の主催者阿弥陀如来《あみだにょらい》の願力に縋らなくてはなりません。世親は、煩悩具足の凡夫たる衆生が、弥陀《みだ》に導かれて念仏し、その功徳をもって往生することを求めたのでした。世親においては、念仏は、観想の念仏でした。観想とは、弥陀の姿や浄土の実相を思い描くことです。それは、無知なる衆生にとって容易なことではありません。浄土教は世親によってその祖形を築き上げられた仏教宗派ですが、世親の段階ではまだまだ難行の域を大きくは超えていなかったといえましょう。

世親の浄土教は、やがて中国へと伝えられます。六世紀の北魏の僧曇鸞《どんらん》が世親の浄土教をほぼ全面的に受容したのです。曇鸞は世親の『往生論』（浄土論）を註解する『往生論註《おうじょうろんちゅう》』

（浄土論註《じょうどろんちゅう》）という書を著わしました。基本的には世親の論説を忠実に踏襲する書ですが、その中で曇鸞は、世親には見られなかった新しい教説を一つだけ展開しています。往相《おうそう》・還相二種回向《げんそうにしゅえこう》という考え方がそれです。世親がめざしたのは、汚濁にまみれた現世を生きる人間を阿弥陀仏の願力によって清浄なる浄土へと差し向けること、すなわち往相回向でした。曇鸞はそれだけでは阿弥陀仏の願いは成就されないと考えます。曇鸞は、わたしたちが浄土に至るだけではなく、浄土から現世へと還って来ていまだに本願力に浴していない人々を浄土へと救い取ること、すなわち還相回向が、真に弥陀の欲するところである、と説くのです。ここに至って、浄土教は大乗仏教としての性格を如実に示すものとなりました。大乗仏教は利他主義を核とするものであり、還相回向こそ利他主義の典型だからです。

ただし、ここで留意すべきことが一点あります。それは、往相回向も還相回向も、ともにわたしたちの自力の働きではないという点です。わたしたちは、自分の力で善行を積んで浄土へと往生するわけではありません。あくまでも、衆生を救い取りたいという阿弥陀仏の願力によって往生するのです。同様に、還相回向も、わたしたちの自力のなせるわざではありません。それは、弥陀の大慈悲心を一身に担ったわたしたちが、弥陀に導かれて、他者へと差し向ける行為です。曇鸞の浄土教は、すでに絶対他力《ぜったいたりき》の境位にまで達していたといっても誤りではないでしょう。

曇鸞のあとを受けたのが道綽《どうしゃく》でした。七世紀前半、隋の時代を主たる活動期とするこの僧は、曇鸞の碑文を見て浄土教に帰依し、もっぱら『観無量寿経《かんむりょうじゅきょう》』を講説することに意を用いたと伝えられます。また日に七万遍もの口称《くしょう》の念仏を実践したことでも知られます。世親から曇鸞へと継承された浄土教は、阿弥陀仏の名を口で称えることよりも、弥陀や浄土の実相を観想することに重きを置いていました。ところが、道綽は、観想よりもむしろ口称を重視したのです。かくして、浄土教は、他のすべての大乗仏教の宗派に比べて、格段に易しい教えを説くことになります。道綽はこのことを強調しました。

彼は、『安楽集《あんらくしゅう》』という書を著わし、大乗仏教のすべての宗派を、自力聖道門《じりきしょうどうもん》と他力《たりき》浄土門《じょうどもん》とに大別しました。自力聖道門とは自力の修行によって覚りを得ようとする宗派のことで、念仏門以外の全宗派がこれに属します。他力浄土門とは、弥陀の導きで念仏をとなえさせてもらい浄土へと往生しようとする念仏門のことをさします。道綽は、自力聖道門は難行であって凡夫にはとうてい行じがたいものだとします。一方、他力浄土門は、ただ念仏を称えればよいだけですから、これ以上はない易行であって、底下の凡愚でさえもその中に入ることは可能だということになります。そうした凡夫を救う教えである点に、道綽は浄土教の他宗派に対する優越性を見いだしました。ただし、道綽は、口称の念仏に重きを置きながらも、弥陀や浄土の姿を思い描く観念の念仏を否定したわけではありません。すぐれた人物が観想の念仏を実践するならば、それは口称の念仏よりも価値があるというのが、道綽の認識でした。道綽は、自分のような下品《げぼん》は口称の念仏に依拠せざるをえないけれども、上品《じょうぼん》の人間には観想という方法があるというのです。念仏とは口称以外の何ものでもないと考えたのは、道綽の直弟子善導《ぜんどう》でした。

浄土教の依拠すべき経典は、すでに曇鸞の時代に決まっていました。『大無量寿経《だいむりょうじゅきょう》』『観無《かんむ》量寿経《りょうじゅきょう》』『阿弥陀経《あみだきょう》』の三つです。道綽がとくに重んじたのは『観無量寿経』で、彼はこれを生涯に二百回も講説したといわれています。道綽のもとに参ずることによって浄土の教えに帰依した善導も、『観無量寿経』を重視し、これについての注釈書『観無量寿経疏《かんむりょうじゅきょうしょ》』を著わしました。善導は道綽の忠実な弟子であったといってよいでしょう。ところが、善導は、『観無量寿経』について思索をめぐらす際に、『大無量寿経』への深い造詣を示しました。『大無量寿経』には、法蔵菩薩《ほうぞうぼさつ》の四十八願が説かれます。善導はこの四十八願を格別に重んじたのです。

法蔵菩薩とは、阿弥陀仏が仏となる前に修行していたころの名です。法蔵菩薩は、世自在《せじざい》王仏《おうぶつ》の教えを聞いて菩提心《ぼだいしん》を起こしたと伝えられる、インドの伝説上の菩薩です。法蔵菩薩は、一切衆生を救うための浄土を建立すべく五劫《こう》という無限に近い時間をかけて思惟《しゆい》しました。その結果西方《さいほう》極楽浄土が建立されたという次第ですが、その際法蔵菩薩は、「しかじかの条件が満たされないかぎり、自分は覚りを開いて仏にはならない」という四十八の願を立てました。これを浄土教では、「法蔵菩薩（弥陀）の四十八願」と呼ぶのです。善導は、『観無量寿経疏』において、四十八願の中でもっとも重要なものは、第十八願であると説きます。第十八願とは、次のようなものです。すなわち、「十方の衆生がわたしの国（浄土）に生まれたいと望んで、かりに十遍なりとも念仏を称えたならば、わたしは彼らを摂《おさ》め取って生まれさせよう。もしそれが叶わないならば、わたしは覚りを開いて仏にならない」という誓いです。善導は、法蔵菩薩はすでに十劫の昔に阿弥陀仏となっているのだから、第十八願はいま現に成就されているといいます。善導によれば、わたしたち凡夫は、弥陀や浄土の実相を観念しなくても、ただ口で念仏を称えるだけで浄土へと摂取される、というのです。もとより、善導の場合も、口で念仏を称えるという行為は、自力の行ではありません。わたしたち凡夫は、弥陀の導きで、つまり弥陀の願力によって念仏を称えさせられているのであって、それはまさに他力であるというのが、善導の考えです。

善導によれば、十遍念仏を称えるということは、「南無阿弥陀仏《なむあみだぶつ》」を十回声に出さなければならないということを意味しているわけではありません。大切なのは弥陀への絶対的な「信」をもって「南無阿弥陀仏」と称えることで、信さえあれば念仏の遍数は問題になりません。かりに一度かぎりであっても、心の底を貫くような信心に導かれて念仏するならば、それで十分だと善導はいうのです。かくして、易行道《いぎょうどう》としての浄土教は、完成された姿を取ったといっても過言ではないでしょう。のちに触れるように、親鸞の師匠法然《ほうねん》は、「偏依《へんね》善導《ぜんどう》」と述べました。ひとえに善導一師に依拠するというのです。浄土教は他力念仏の教えであり、その完成された姿は善導の思索のうちにある、と法然は考えたのでしょう。法然のこの見極めは、けっして間違ってはいませんでした。世親から曇鸞へ、曇鸞から道綽へ、道綽から善導へという系譜の中で、浄土教は大成されたのです。では、中国において大成された浄土教は、いったいどのような経緯でわが国に伝わったのでしょうか。わが国の浄土教は、中国の浄土教、すなわち善導の思索の枠内に止まるものなのか否か。この点をも含めて、次に日本の浄土教思想史を概観してみたいと思います。

三　萬葉集と浄土教

善導は七世紀の後半に活動した僧です。七世紀の後半といえば、日本では萬葉の時代に当たります。萬葉人《まんようびと》は浄土教を知っていたのかどうか。まずはこの問題から話を始めましょう。その場合、一点注意を傾けておくべき事柄があります。それは、浄土が永遠なる清浄の世界として措定されるとすれば、現世は汚濁に満ちた生死流転の世界と観念されるはずだということです。すなわち、浄土の教えがわが国に移入された時期には、当然無常観が確立されていたはずです。したがって、萬葉人が浄土教を知っていたか否かという問いは、彼らの中に仏教的無常観が確立されていたか否かという問いでなければなりません。

萬葉集巻三には、沙弥満誓《さみのまんぜい》の作として次のような歌が載せられています。

世間《よのなか》を何に譬《たと》へむ朝開《あさびら》き漕ぎ去《こい》にし船の跡《あと》なきごとし（三五一）

「世の中というものをいったい何に譬えればよいのでしょうか。それは、朝方港の戸を開いて漕ぎ出していった船の航跡が、跡形もなく消え去るようにはかないものなのですね」という意味のこの歌は、一般に日本の古代における仏教的無常観の確立を示すといわれています。「世間」という仏教語が用いられていること、そしてその世間の常住ならざるはかなさが詠嘆されていることから見て、この歌が仏教的無常観を表出するものであることは否定できません。作者の満誓が「造筑紫観音寺別当《ぞうつくしかんのんじべっとう》」の地位にある僧侶であった点からも、このことは保証されます。しかし、沙弥満誓が単独で独自に仏教的無常観を確立したという見方には、どうやら無理がありそうです。というのも、当面の満誓歌は、独詠の歌すなわち満誓が一人でうたった歌ではなく、いくたりかの知識人が顔をそろえた宴席の場で詠まれたものだからです。では、その宴席とはどのような場だったのでしょうか。それをあきらかにするためには、当面の満誓歌の時点から、時計の針を数年巻き戻さなくてはなりません。

神亀四（七二七）年暮れのことでした。時の中納言大伴旅人《おおとものたびと》は、中納言在任のまま大宰帥《だざいのそち》に任ぜられ、妻大伴郎女《いらつめ》と息大伴家持《やかもち》とを連れて大宰府に赴任しました。当時、政府高官の遠国赴任は単身が原則とされており、妻子を伴っての赴任は異例のことでした。旅人はすでに六十歳を超える高齢であり、息男の家持を伴ったのは、大伴宗家の継承者が誰かを公的に示しておこうという意図があってのことだと考えられます。ちなみに、妻大伴郎女は、家持の母親ではありません。彼女は糟糠の妻ではなく、旅人が後添として娶った若妻であったと推定されます。年齢は、たぶん三十歳前後だったでしょう。若妻の郎女は、単身赴任が原則であることを知りながらも、あえて旅人に自分も連れて行ってくれるようにせがんだのではないかと思われます。若妻にせがまれて旅人は断りきれなかったのでしょう。異郷の地筑紫を見せてやりたいという気持ちもあって、彼は妻を同伴したのではなかったでしょうか。

　ところが、翌神亀五（七二八）年三月下旬ころ、妻大伴郎女は病に倒れ、ほどなく帰らぬ人となってしまいます。旅人は歎きました。天平二（七三〇）年に任期を終え、大納言として帰京したのちにもなお悲しみを引き摺っている点から見て、その歎きは尋常ではなかったと推定されます。旅人が郎女を亡くしてからおよそ十一ヵ月後のこと、神亀六（七二九）年の三月上旬に、大宰少弐《だざいのしょうに》小野老《おののおゆ》が奈良の都で、従五位下から従五位上に昇叙されました。小野老は、同年三月下旬ころに大宰府に帰任した模様です。その際、旅人や当時筑前《ちくぜん》の国守であった山上憶良《やまのうえのおくら》たちが、老の昇叙と無事な帰任を祝って、帥旅人の官邸で宴席を持ちました。当面の満誓歌は、じつはその宴席で、旅人の「讃酒歌《さんしゅか》」十三首に相応ずる歌として詠まれたのです。したがって、当該歌の意義をあきらかにするためには、「讃酒歌」がどのような作品かを検討しておく必要があります。以下に「讃酒歌」と当該歌とを掲げて、その折の宴の実態に触れてみましょう。

大宰帥大伴卿《だざいのそちおおともきょう》、酒を讃《ほ》むる歌十三首

験《しるし》なきものを思はずは一坏《ひとつき》の濁《にご》れる酒を飲むべくあるらし（三三八）
酒の名を聖《ひじり》と負《おほ》せしいにしへの大き聖の言《こと》の宜《よろ》しさ（三三九）
いにしへの七《なな》の賢《さか》しき人たちも欲《ほ》りせしものは酒にしあるらし（三四〇）
賢《さか》しみと物言ふよりは酒飲みて酔《ゑ》ひ泣《な》きするしまさりたるらし（三四一）
言はむすべ為《せ》むすべ知らず極まりて貴きものは酒にしあるらし（三四二）
なかなかに人とあらずは酒壺《さかつほ》になりにてしかも酒に染《し》みなむ（三四三）
あな醜賢《みにくさか》しらをすと酒飲まぬ人をよく見ば猿にかも似む（三四四）
価《あたひ》なき宝といふとも一坏《ひとつき》の濁れる酒にあにまさめやも（三四五）
夜光る玉といふとも酒飲みて心を遣《や》るにあに及《し》かめやも（三四六）
世間《よのなか》の遊びの道に楽しきは酔《ゑ》ひ泣きするにあるべかるらし（三四七）
この世にし楽しくあらば来《こ》む世《よ》には虫に鳥にも我れはなりなむ（三四八）
生ける者《ひと》遂にも死ぬるものにあればこの世にある間《ま》は楽しくをあらな（三四九）

黙居《もだを》りて賢《さか》しらするは酒飲みて酔《ゑ》ひ泣きするになほ及《し》かずけり（三五〇）

沙弥満誓《さみのまんぜい》が歌一首

世間《よのなか》を何に譬《たと》へむ朝開《あさびら》き漕ぎ去《こ》い《い》にし船の跡《あと》がきごとし（三五一）

旅人の讃酒歌十三首は、いずれも酒をこの世でもっとも価値のあるものと見て、酒に酔いしれる情態にこの上ない幸せを求めるものです。ここには、享楽主義が貫かれているといってもよいように見えます。事実旅人は、遊びの道で楽しいのは酒に酔うことだとうたい（三四七）、いっそのこと酒壺になって酒に浸っていたいとさえ述べています（三四三）。讃酒歌は、享楽主義の極みを示すといってもいいようです。しかし、これらの歌々をじっくり読んでみると、そこにはそこはかとない哀愁が漂っていることが分かります。三四一、三四七、三五〇に「酔ひ泣き」とあることからもあきらかなように、旅人は酔って泣いているのです。旅人には何か鬱屈したものがあり、それを晴らすべく、つまり「心を遣《や》る」（三四六）ために彼は酒を飲んでいるのです。彼の内面に巣くう鬱屈したものとは何でしょうか。それは、讃酒歌を詠むちょうど一年前に妻を亡くしたことにまつわる悲愁であったと思われます。旅人は、深い悲愁を心の奥に秘めながら、表面的には享楽主義に興じているのだと見るべきでしょう。享楽主義に興ずる文脈の中で、旅人は現世で酒を飲んで楽しく過ごせるなら、来世には虫や鳥のような闇鈍の身に生まれてもよいとすらうたっています（三四八）。飲酒は仏教においては五戒の一つとして戒められており、仏教の輪廻説は、飲酒をすれば来世は悪道に堕ちると説きます。旅人はこの輪廻説に正面から反撥する姿勢を示していると申せましょう。ということは、旅人には仏教に関する何らかの認識があったと考えてよいことになります。

じつは、旅人の仏教理解は、生半可なものではありません。そのことを端的に示すのが、三四九です。ここで旅人は、「生ける者遂《ひと》にも死ぬるものにあれば」とうたっています。これは仏教の「生者必滅《しょうじゃひつめつ》」という概念を倭（和）語に翻案したものです。また、三四七の「世間」が仏教語であることは論じるまでもありません。さらに、三四五の「価なき宝」は、法華経の「無価宝珠《むかほうじゅ》」の翻読語と考えられます。旅人は仏教思想を踏まえながら讃酒歌を詠んでいるといえます。讃酒歌に表面化するのは仏教思想への反撥・抵抗です。旅人は、妻の死にまつわる悲愁を仏教思想が癒してくれないことに気づいていたのでしょう。彼は、「世間無常」という仏教上の哲理を把握していました。このことは、讃酒歌を詠むおよそ九ヵ月前に彼が「世間《よのなか》はむなしきものと知るときしいよよますます悲しかりけり」（萬葉集巻五、七九三）とうたっていることからもあきらかです。「世間無常」という哲理は、現世の事物はすべて常無きものなのだから、そこに心をつけることをやめよ、と説くものです。旅人はそうした哲理が論理的に妥当なものであることを知っていたはずです。ところが、彼は、その哲理に基づいて妻の死を慮外に斥けようとしても、どうしても衷心からそれに納得することができなかったのではないでしょうか。彼は、「世間無常」という「理」と亡き妻への慕情という「情」との間で、いわば板挟みとなって苦しんでいたように見うけられます。讃酒歌は、その苦しみによって貫かれているのであり、それにどう対応するかが、同じ宴席で讃酒歌に応ずる役割を担った者の課題であったといえます。

沙弥満誓は、見事にこの課題を果たしたのでした。すなわち、「あなたがおっしゃる楽しむべき世間とは、船の航跡が跡形もなく消えるようにはかないものなのですねえ」と応ずることによって、満誓は旅人の苦しみを巧みに掬い取ったのです。満誓歌が旅人の苦悩や悲愁を鎮静させるまでに至ったかどうかは分かりません。しかし、満誓歌が、讃酒歌の中を流れる仏教思想に呼応し、かつは仏教思想に得心がゆかない旅人の心情を暖かく包むものであることは疑えません。満誓歌は、座の文芸としての役割を十全に果たしているといっても過言ではないでしょう。この「座の文芸」という視点から満誓歌をとらえるならば、仏教的無常観は、満誓独歩の思索というよりも、むしろ満誓とともに歌の座を形成していた人々の間で通有的な思想であったといわなければなりません。すなわち、八世紀初頭を生きた萬葉の知識人たちの内面には、すでに仏教的無常観が浸透していたと見てもよいと思われます。

萬葉人の間に仏教的無常観が浸透していたということは、彼らが浄土教思想を受容していたことを暗示しています。すでに述べたように、この世を常住ならざるはかない世界ととらえる認識は、永遠不変の清浄なる世界を想定する思考と背中合わせになっていると考えられるからです。ちなみに、旅人の歌友であるとともに好敵手でもあった山上憶良は、旅人が妻を喪ってのちほどなく、旅人に成り代わって彼の妻の死を悼む歌を詠んでいます。「日本《にほん》挽歌《ばんか》」と題されたその歌群（萬葉集巻五、七九四〜七九九）には、長大な漢詩文が併せられており、その中に次のような一節が現われます。

従来《もとより》この穢土《えど》を厭離《えんり》す
本願《こひねがはく》は生《しょう》をその浄刹《じょうせつ》に託《よ》せむ

ここに「厭離穢土、欣求浄土」の思想が現われていることは自明といえましょう。憶良が阿弥陀如来の西方極楽浄土だけを念頭に置いていたと断定することはやや危険かもしれませんが、すくなくとも彼が現世を汚濁にまみれた世界と見定め、そこから超脱することによって永遠に清浄なる浄土へ立ち至ろうという発想を持っていたことだけは疑えないと思います。そして、「日本挽歌」とそれに併せられた漢詩文とが旅人に献呈されている点を重く見るならば、憶良や旅人たち（満誓を含む）の間で浄土教思想がある程度まで受容されていたことは確実であると考えられます。ただし、萬葉の時代の浄土教思想は、どうやら知識人たちの間に浸透するに止まったようです。一般衆庶の歌の中には、まだ浄土教思想の痕跡が見られません。浄土教思想が広汎に、庶民レベルにまで受け容れられるのは、末法思想《まっぽうしそう》が隆昌を極めた平安朝の中期以降のことでした。では、末法思想とはどのような思想であり、それはいったいなぜ浄土教思想を浸透させる原因になったのでしょうか。

四　末法思想と浄土教

末法思想とは、インドに芽生え、中国で確立された仏教思想です。それは頽落史観を表明するもので、歴史は善き状態から次第に悪しき方向へと向かうと主張します。具体的には、釈尊入滅以後のある期間、釈尊の教え（教《きょう》）とそれに基づいて修行する人々（行《ぎょう》）、そして修行の結果としての覚り（証《しょう》）の三つがそろった正法《しょうぼう》の時代が続くが、そのままでは済まないと説きます。すなわち、時代はやがて、教と行は存在するけれども、証を欠く像法《ぞうぼう》の時代へと移行し、次に行、証ともに欠けてただ教のみが残る末法《まっぽう》に至るというのです。末法は一万年続き、最後に教すらもなくなる法滅《ほうめつ》の時代が到来します。わが国には、奈良時代末期から平安朝初期にかけてこの末法思想が流入しました。ちょうど浄土教が知識人たちの間に浸透し始めたころのことです。それから約半世紀のち、最澄《さいちょう》によって比叡山延暦寺が建立され天台教団が確立されたころから、末法思想にどう対処するかが仏教界の大きな課題となりました。問題は、末法がいつ到来するかということでした。それは、正法と像法を何年間と見るかということでもあります。当初は、正法五百年、像法千年とする説が有力でしたが、平安朝の中期、すなわち十世紀に入ると、正法千年、像法千年という見方が一般的になってゆきます。この見方が採られる際に、釈尊入滅の年は周の穆王五二年、壬申の歳、すなわち紀元前九四九年とされました。そうすると、末法は紀元一〇五二（永承七）年に到来することになります。

当時の仏教諸宗派では、末法の到来を眼前に控えて、いかにして衆生を救うべきかが喫緊の課題となりました。天台教団も例外ではありえませんでした。天台教団は、法華一乗主義をとなえ、修行僧たちが厳格な修行によって覚りを開くことを求めていました。しかし、法《ほ》華経《けきょう》に依拠しつつ厳格な修行を実践することを衆庶に求めても、それは無理な要求でしかありえません。末法を眼前にしたいま、衆庶を救いうるものは、念仏して弥陀の救いに与かるという浄土教思想以外にはありえない。天台教団の僧たちはそう考えました。もとより天台教団は、一宗を挙げて念仏の教えにのみ帰依したわけではありません。法華経信仰が同教団の中核をなすという事態は不変でした。しかし、同教団は、念仏の教えにも力を入れ、像法の最末期にあって、「天台浄土教」という立場を確立し、それに基づいて衆生の救済を図ったのでした。このことを重く見るならば、わが国において浄土教思想を盛んならしめたものは末法思想の浸透という事態、すなわちいままさに末法が到来しつつあることへの危機感であったといえます。このような時代状況のもとに、天台浄土教を確立したのが、源信《げんしん》（九四二～一〇一七）でした。

源信は天台教団の学僧として、仏教論理学に通暁していました。しかし、末法が間近に迫っているという認識に立ったとき、彼は論理学の研究に没頭していることができなくなりました。源信は、「像末最終の大警告」を発しなければならないという使命感に燃えたのです。その使命感のもと、彼は『往生要集《おうじょうようしゅう》』全三巻を著わしました。『往生要集』は、地獄の恐ろしさと極楽浄土の素晴らしさとを克明に描写し、いかにすれば堕地獄を免れて極楽浄土に往生しうるか、その要諦を説いた書物です。そこでは、堕地獄を免れる途は念仏以外にはないとされます。この場合念仏とは、口称の念仏であると同時に観念の念仏でもあります。源信は、口で「南無阿弥陀仏」と称えると同時に、阿弥陀仏や浄土の実相を想い描くこともまた重要であると説いたのです。もし、善導の強調する口称念仏の立場が浄土教思想の到達点であるとすれば、源信の浄土教思想は、そこから一歩後退しているというべきかもしれません。しかし、源信は、地獄を鮮烈に描写することをとおして、人々に地獄の恐ろしさを伝え、そこからの脱却を図ろうとする志向性を人々の心の底に植え付けました。その点で、つまり、浄土教思想の一般化に寄与した点で、源信の功績には大なるものがあったと申せましょう。この講義では、源信の描く地獄を克明に紹介するゆとりはありません。彼が、地獄をどう描いたか、その一例のみをご紹介しておきましょう。

源信によれば、地獄は無数に存在しています。現在でもよく知られているように、針の山や血の池などもあります。暑さの極限に責めさいなまれる炎熱地獄もあります。しかし、もっとも印象深いものは、衆合《しゅうごう》地獄の刀葉林《とうようりん》ではないでしょうか。源信によれば、刀葉林には枝が鋭利な両刃の剣でできた木々が生い茂っています。ここには、生前に邪淫の罪を犯した男が陥ります。男が、刀葉林の一本の木の下に行き、ふと木の頂を見上げると、そこには妖艶な美女が佇んでいて、手招きをします。木の枝は両刃の剣でできていますから、もし登ればどうなるかは分かり切っています。しかし、邪淫をなすように生まれついた男は、どうしても妖艶な美女の誘いを無視することができません。彼は美女がいる頂をめざして木を登り始めます。すると男の身体は、刃によって切り刻まれ血まみれになります。深く傷つけられて血まみれになりながら頂に到達すると、そこにはあの妖艶な美女はおりません。つと木の根元を見ると、そこに美女がいて、艶然と微笑み手招きをして誘います。もうやめておけばよさそうなものですが、男は頂に止まることができません。生来の淫心に燃えて、男は根元へと降りてゆきます。身体はさらにむごたらしく切り刻まれて、血みどろの様相を呈します。こうまでして木の根元に降りてみると、そこにはやはり美女はおりません。彼女はまたしても木の頂にいて艶然と微笑んでいます。男はさらにもう一度、刃の木を登り始めます。かくして、身体がバラバラになってしまうまで、男は刃の木を登り降りすることをやめられません。

源信が描いているのは、地獄のようなこの世ではなくこの世のような地獄です。男が女の誘いに乗って女を求め、満身創痍になって女に近づいてゆくと、厳しく拒絶される。それは現実の中にしばしば見られる光景です。源信の地獄は、この世のありさまを極端に示したもので、現実に深く関わるだけに、その恐ろしさはじつに生々《なまなま》しいといえましょう。ただし、『往生要集』は漢文で書かれており、一般庶民が読めるような書物ではありませんでした。読者は、天台教団の僧侶たちや都の貴族たちに限定されていたことでしょう。この難解な書物が一般衆庶の知るところとなったのは、この書物に基づく絵画、すなわち地獄絵が多くの名もなき絵師たちによって描かれ、それらが末端の寺院にまで伝わったことによると思われます。庶民は、自分たちが通う寺院で地獄絵に接し、地獄の恐ろしさを写実的な絵をとおして実感しました。彼らは、現世で善行を積むことができない人々であり、現状のままでは自分はかならず地獄に堕ちてしまうと考えました。いかにすれば堕地獄を免れて西方極楽浄土へと往生することが可能になるのかが、彼らにとっての大きな課題となりました。彼らは、その課題を意識する中で、念仏に縋れという源信の教えを身につけていったのです。かくして、源信の『往生要集』、とりわけその鮮烈な地獄の描写をとおして、天台浄土教思想は、衆庶の受容するところとなったのでした。

行も証もない末法という時代、すなわち、不殺生《ふせっしょう》、不偸盗《ふちゅうとう》、不邪淫《ふじゃいん》、不妄語《ふもうご》、不飲酒《ふおんじゅ》の五戒を守る者がいない無戒の時代を迎えれば、そこに生きる者は例外なしに地獄に堕ちざるをえない。それを免れるにはいかにすればよいかという思念が浄土教思想を広める原因になったことは、まさに末法思想の浸透を契機として浄土教思想が一般化したことを端的に物語っています。しかし、源信の段階では、浄土教思想は、天台教団の一大思想潮流とはなったものの、まだ独立の一宗派を形成するには至りませんでした。それが「南無阿弥陀仏」を称えることのみに重点を置く自立した一宗となるには、法然房源空《ほうねんぼうげんくう》の登場を待たなければなりませんでした。法然は親鸞の師匠です。親鸞思想の核心に迫るためには、法然の生涯と思想を概観しておくことが肝要です。

五　法然の生涯と思想

法然には多くの伝記があります。史料上の信憑性の高いものが多く、親鸞などに比べてその生涯には謎が少ないと申せましょう。諸種の伝記や書簡史料などを博捜した文献としてもっとも著名なものは、没後ほぼ百年を経て公刊された『法然上人行状絵図《ほうねんしょうにんぎょうじょうえず》』（以下『行状絵図』と略述）です。『勅修御伝《ちょくしゅごでん》』とも呼ばれるこの書は、鎮西派《ちんぜいは》、すなわち法然の高弟聖光《しょうこう》の系統の正統性を誇示する部分があり、その取り扱いには慎重を要します。また、法然に関する空想めいた伝説を記しており、いささか客観性に欠ける面があることも否定できません。しかし、『選択本願念仏集《せんちゃくほんがんねんぶつしゅう》』の核心を語り、現存の消息等を数多く掲載するこの書が、法然の生涯そのものを緻密に再現するものではないにしても、そのおおよそのおもむきを伝えるものであることはたしかでしょう。この書によれば、法然はその幼少期に苛酷な体験をしています。法然は、長承二（一一三三）年四月七日に、押領使漆間時国《おうりょうしうるまときくに》の嫡男として美作国久米庄《みまさかのくにくめのしょう》に生まれました。母は秦《はた》氏、幼名を勢至丸《せいしまる》といいました。竹馬で遊ぶ年齢のころからすでに賢明な性を示し、ともすれば西方に心を傾ける風情があったといいます。その勢至丸が九歳のとき、事件は起こりました。すなわち、父漆間時国が、日ごろ不仲であった近隣の武士明石源内武者定明《あかしげんないむしゃさだあきら》の夜討ちに遭い、深手を負ったのです。

勢至丸は、父が討たれるさまを目の当たりにしました。その心の傷には深いものがあったはずです。復讐の決意に燃えたかもしれません。ところが、父時国は、臨終の床で勢至丸に次のようにいい遺しました。「お前は父が討たれたことを恥辱として仇を怨んではならない。父がいま討たれて死んでゆくのは宿業《しゅくごう》のゆえである。もし遺恨に思って仇を討つようなことになれば、殺し殺されるという連鎖がどこまでも続いてしまう。早々に俗世を逃れ、わたしの菩提を弔い、かつは己れの解脱を求めよ」と。勢至丸は、父のこのことばに従い、母秦氏の弟（叔父）が住職をつとめる菩提寺《ぼだいじ》で仏門に入り、十五歳のとき、比叡山延暦寺に移りました。叡山では、源光《げんこう》、皇円《こうえん》、叡空《えいくう》の指導のもとに学問的研鑽を積み、天台宗のみならず南都六宗や真言宗にも通暁して、のちには「智慧《ちえ》第一等の法然房」と称されるまでになったといいます。ところが、叡山での勉学は、法然にとって十分に納得のゆくものとはなりませんでした。

『行状絵図』によれば、法然は衆僧の間で将来の座主《ざす》として期待されていたといいます。しかし、これは『行状絵図』の創作でしょう。権門・貴顕の家に生をうけた者のみが僧として立身出世の道を歩む当時の叡山にあって、一介の田舎武士の子にすぎない法然には、一学僧の域を大きく超えることなど期待しようもなかったからです。もとより、法然自身に、僧としての立身出世を求める気持ちがあったとは考えられません。天台以外の諸宗からも多くを学んだ法然は、父の遺言どおりに己れの解脱の道を求めていたものと推察されます。しかし、大乗仏教の精神を学べば学ぶほどに、法然は「慈悲」ということをめぐって、よりいっそう真剣に思索せざるをえなくなりました。大乗仏教の精神とは、釈尊が衆生に楽を与えその苦を超脱せしめようとしたのと同様に、現世を生きる僧侶が一般庶民を物心両面から救済することを求めるものだったからです。権門・貴顕の後ろ楯を持たない法然には、物質的な面で衆庶を救う手立てはありませんでした。彼にできることは、精神的な面で衆庶を導くことだけでした。けれども、具体的に何をすれば衆庶を覚りへと向けて導くことになるのか、青年期の法然にはそれが分かりませんでした。

智慧第一等とはいえ、それは学問上でのことにすぎません。天台やその他の諸宗の教学をいかに深く理解しようとも、その知識は、直接に衆庶を助けるよすがとはなりませんでした。法然は悩みました。しかも、その苦悩は己れの無力を責めるものには止まりませんでした。少年期に父を近隣の武士によって殺されるという苛烈な体験をした彼は、人間一般の醜さと悪性とをいやが上にも意識せざるをえなかったからです。天台教団は、最澄以来の伝統として、すべての人間には仏性《ぶっしょう》があり、皆仏になれるという本覚論《ほんがくろん》を説いてきました。おそらく、法然は、仏性ある人間同士がなぜ殺し合うほどに互いに憎悪を漲らせ合うのか、という疑問を懐いていたに相違ありません。法然にとって、自己自身は罪悪にまみれた存在でした。自己のみならず、一般の衆庶も濁悪の存在でした。法然は、自己をも含めた人間全般について、「罪悪有力《ざいあくうりき》、善根無力《ぜんこんむりき》」という認識に立っていたのです。人間の罪悪はいかにしても抑えがたいほどに強力なものであるけれども、善き性根はきわめて薄弱だというのです。

それは、法然が実体験を経て獲得した認識であり、観念の産物などではありませんでした。このことは、法然の生きた時代がどのような時代であったかを探ることによって、明確になります。

法然が生きた時代。それは、武士階級が台頭し、相互の血肉の争闘を経て政治の実権を掌握するに至る時代でした。簡潔にいえば、「源平争乱の時代」であったということです。源平の争乱と聞くと、わたしたちは保元の乱、平治の乱、平家の滅亡へと至る治承以降の大乱を思い浮かべます。つまり源氏と平氏の覇権をめぐる頂上決戦をイメージします。このイメージはけっして誤っているわけではありません。たしかに、富士川の合戦や、倶利伽羅峠の合戦、一の谷の合戦、壇ノ浦の合戦などは、覇権の帰趨を決する重要な戦闘でした。しかし、源平争乱の時代を二つの武士団の頂上決戦としてのみとらえてしまうと、大切なことが見落とされてしまいます。じつは、源平の争乱とは、都を中心に頂上決戦が行われていたに止まるものではなかったのです。争乱は、全国の津々浦々にまで及んでいました。日本国中至る所で、土地の所有権をめぐって小武士団の間の小合戦が無数に行われていたのです。合戦は農業生産に痛手を与えます。地方の農村は、打ち続く合戦によって疲弊し、京の都には農産物が行きわたらなくなってしまっていました。そのため、地方の農村はもとよりのこと、都でも飢饉が発生します。

法然とほぼ同時代を生きた鴨長明《かものちょうめい》は『方丈記《ほうじょうき》』の中で、養和（一一八一～一一八二）の大飢饉について克明に描写しています。それによれば、都には餓死者が溢れ、食料を求めてせめぎ合う人々の姿は、さながら餓鬼道のごとくであったようです。『方丈記』はいいます。長明の知り合いの、仁和寺の僧隆暁《りゅうぎょう》法印が、都の餓死者を弔うために、遺体の額に梵語の阿字を書いていったところ、二ヵ月間に四万二千三百を数えた、と。当時の都の推定人口はおよそ二十万ですから、少なく見積もっても、全人口の三分の一程度が飢え死にしていたことになります。このような飢餓状態がどういう事態を招いたかは、容易に推察することができます。人々は、わずかな食物を求めて互いに争い、果ては殺人にまで及んだことでしょう。ぎりぎりまで追い詰められれば、死体の肉を喰らい、挙句の果てには生きている者を殺して食べるという悲惨極まりない事件も多発したものと思われます。法然は、こうした飢餓のありさまを目の当たりにしたのです。「罪悪有力、善根無力」という認識は、まさに法然の実体験から発したもので、単なる観念の産物などではなかったことが知られます。

法然は、人間が本質的に「悪人」であることを知りました。もし悪人がその悪性のゆえに救われないとすれば、この世には救われる者など一人もいないことになります。しかし、大乗仏教の「慈悲」の精神に立つ以上、法然は悪人を救わなければなりません。どうすれば悪性の塊ともいうべき人間を覚りへと導いて救い取ることができるのか。それこそが、青年期から中年期にかけての法然にとって、もっとも大きな課題となりました。そして、その課題に一つの解決がもたらされたのは、四十三歳のころ、延暦寺の書庫で、天台浄土教の聖典ともいうべき、源信の『往生要集』を読んでいたときのことでした。

『往生要集』は、善導の『観無量寿経疏』を引用しつつ、悪人の救済ということに言及していました。念仏によって悪人も救われると説いていたのです。ただし、源信は口称の念仏のほかに弥陀や浄土の実相を観念する観想の念仏をも重視しており、そこには難行の側面が含まれていました。難行が求められるかぎり、修行を実践できない衆庶は救われない。そう考えた法然は、縋るような思いで、善導の『観経疏』そのものを読んでみました。するとそこには、法蔵菩薩の第十八願が底下の凡夫のための本願として取り上げられていました。口称の念仏を十遍ほども称えればどのような悪人であっても往生できるというのが第十八願の真意である、と善導は説いていたのです。そのとき、法然は「これだ！」と思いました。十遍ほど「南無阿弥陀仏」と称えることはどのような悪人にも可能です。他の生き物を殺して食べ、ときには殺人さえも辞さない悪人、あるいは種々の煩悩にまみれ仏の姿を思い浮かべることなどとうていできはしない衆庶も、「南無阿弥陀仏」と称えることくらいはできる。「南無阿弥陀仏」と称えることだけで救われるとすれば、いかなる悪人に対しても救済の可能性が開かれる。法然はそう考えました。少年期の苛酷な体験を経て、人間の悪性を鋭く見据えていた法然は、自身がようやくまったき意味での「慈悲」を実践しうることを確認しました。そして彼は決意しました。「念仏を称えさえすればどのような人間でも弥陀の浄土に往生することができる」という一事のみを主張する一宗を建てることを。

叡山を降り、その一宗、すなわち「浄土宗」を樹立した法然は、吉水《よしみず》の草庵を拠点として布教活動を展開します。智慧第一等と称された法然は、その際「愚痴《ぐち》」に還りました。ただほれぼれと弥陀の名を称えること以外になすべきことはない、学理を究めることはもとよりのこと、教義にこだわることすら無用である。そのように考えた法然は、公家や上級武士たちのみならず一般の庶民にむかって、ただ「南無阿弥陀仏」を称えることのみを勧めました。この徹底した易行の勧めに多くの人々が胸を打たれました。己れの悪性を自覚し、このままでは救われえないと苦しむ人々、あるいは南都北嶺の傘下にある寺々に一紙半銭も寄進することができず（布施行ができず）、精神面での拠り所を持ちえなかった人々が、愚痴に還った法然の教えに帰しました。『行状絵図』によれば、漁師や遊女でさえも嬉々として法然の教えに従ったということです。かくして、浄土宗は、京の都を中心に幅広い層に広まり、やがて南都北嶺の権威を切り崩すほどの大きな勢力を有するに至ります。

南都北嶺側は、次第に危機意識を高めます。法然の教えは、ただ念仏を称えればよいという意味で「専修念仏《せんじゅねんぶつ》」と呼ばれておりましたが、南都北嶺側は、法然の晩年になって、いくたびもこの専修念仏の停止《ちょうじ》を朝廷に向かって要求します。その要求は、法然の門に帰した九条兼実《くじょうかねざね》を始めとする公卿たちによって阻まれ、当初は上皇・天皇の受け容れるところとはなりませんでした。ところが、親鸞の生涯について語る際に述べるような事情で、ついに後鳥羽上皇《ごとばじょうこう》の認めるところなり、法然とその門下は、流罪、斬罪等に処せられてしまいます。建永二（一二〇七）年、二月のことでした。これは、今日「建永《けんえい》（承元《じょうげん》）の法難」と呼ばれています。その際、法然は土佐に配流されることになりました。九条兼実らのとりなしで摂津の勝尾寺に滞在することを許されましたが、数年間にわたって入京を認められませんでした。赦免されたのは、建暦元（一二一一）年のこと。法然はようやく帰京を認められ、東山大谷に帰りました。しかし、法然の命の灯はすでに燃え尽きようとしていました。建暦二（一二一二）年一月二十三日、みずからの死期を覚った法然は、弟子の勢観房源智に浄土宗の要諦を記した「一枚起請文《いちまいきしょうもん》」を与え、その二日後についに入寂《にゅうじゃく》しました。享年八十。その晩年は苦難に満ちたものだったというべきでしょう。

さて、法然の布教活動を支えたものは、彼が称える日に数万遍を超える念仏でした。法然は東大寺で『観無量寿経』の講説をしたり、九条兼実の求めに応じて『選択本願念仏集』（以下、『選択集』と略述）を著わしたり（ただし弟子による口述筆記）しています。浄土宗の教義を人々に知らしめることを怠っていたわけではありませんでした。しかし、彼の信仰生活の中核をなすものは、あくまでも口称の念仏でした。門弟たちは、一心に「南無阿弥陀仏」と称え続ける彼の姿に圧倒されながら、彼に対する敬仰の念を深めてゆきました。法然の愚痴は、ひとえに「南無阿弥陀仏」にのみ徹することとして、その極限に達したといってもよいでしょう。

ところが、その愚痴は、ある一瞬に研ぎ澄まされた叡智へと変貌してしまいます。日に六万遍、七万遍にも及ぶ口称の念仏は、それを称える者を俗世から切り離してしまうからです。すなわち、際限なく繰り返される念仏のさなかに、法然は弥陀の姿と浄土の様相とを目の当たりにしてしまうのです。彼は、いわゆる「口称三昧《くしょうざんまい》」という境地に立ったのでした。法然は、悪人の往生（覚りへ向けての救済）ということを真剣に考えることをとおして、観念の念仏と訣別したはずでした。しかし、どのような悪人にも可能な口称の念仏を実践するさなかに、ふたたび彼は叡智の極みともいうべき観念の念仏に、その精神の志向性を帰着させてしまったのです。

法然は、『選択集』の中で、なぜ「偏依善導」（ひとえに善導一師に依拠する）の立場に立ち、それ以前の浄土教の祖師たちにまで遡ろうとしないのかという問いを立て、それに対して次のような回答を与えています。すなわち、「三昧発得《ざんまいはっとく》」を達成したのは善導ただ一人だからだというのです。「三昧発得」とは、心を鎮めて観仏すること、要するに弥陀の姿を思い浮かべ続けることにほかなりません。この境地を志向するとき、法然の口称念仏は、誰にでも可能な易行の念仏から一部の選ばれた者にしか為しえない難行の念仏へと変容していたといっても過言ではないでしょう。もとより、法然は、悪人としてしかありえない一般衆庶にまで「口称三昧」や「三昧発得」を求めたわけではありません。不断の念仏を是とし、一念義を異端として否定しつつも、機会に恵まれなければ生涯一度の念仏でもかまわないとする彼は、門徒に対して優しい眼差しを投げかけた宗祖でした。その慈愛に満ちた温顔は、一般の門徒たちに深い安心を与えたことでしょう。

しかし、彼が己れに求めたものは、あまりにも厳しすぎる観念の念仏でした。彼は口称が観念に変わる瞬間をめがけて「南無阿弥陀仏」を称え続けたのです。生涯独身を貫いた持戒の僧法然の、その峻烈さは、ほとんど誰にも真似のできるものではありませんでした。ちなみに、『選択集』に接して怒り心頭に発した華厳宗の僧明恵《みょうえ》（高弁《こうべん》）は、『摧邪輪《ざいじゃりん》』を著わし、その中で、法然には覚りを求める心、菩提心がなく、そうである以上浄土宗は仏教の名に価しないと批判しています。たしかに、『選択集』には菩提心をめぐる記述はありません。けれども、「口称三昧」や「三昧発得」が菩提心なしに可能になるとは考えられません。覚りを開くことへの切実な願いが、日に六万遍、七万遍という念仏を実践させ、法然を観仏の境地へと至らしめたのではないかと思われます。おそらく、法然が自分自身に課した念仏とは、強烈な菩提心に支えられながら命がけで浄土を欣求するもの、いいかえればごくかぎられた人間にしか実践できないこの上もなく峻酷な「行」でした。

繰り返し強調しますが、法然はその峻酷な「行」を一般の門徒にまで求めたわけではありません。近侍する高弟たちにさえ求めなかったでしょう。しかし、念仏に関する彼の真意が、目の当たりに仏の姿に接し、あまつさえ浄土の実相を思い浮かべるところにあったとすれば、この世に生きる人間の中で彼以外のいったい誰がそれを志向することができたでしょうか。法然の思想は、念仏を徹底して純化してゆく中で、次第に孤立化してゆく方向にあったといわざるをえません。その孤立化を、けっして法然の思想的価値を卑小化することなしに押し止め、あくまでも「易行」の段階に定位させたのが親鸞でした。親鸞は「非僧非俗《ひそうひぞく》」という、念仏の崇高化と卑俗化とのあわいに立って、法然が門徒の側に顔を向けて説いた思想を守り抜こうとします。では、その親鸞の思想とはいかなるものであったのか。わたしたちは、ようやく、親鸞を論ずる地点にまで到達したようです。

第二章　悪の思想

一　親鸞の生涯（1）

親鸞。この名を知らない日本人は、現代では例外に属すると思います。誰しもが知る日本最大の仏教宗派の祖師の名です。ところが、誰もが知っているという前提で、親鸞について語ろうとすると、たちまち暗礁に乗り上げてしまいます。後半生はともかくも、その前半生は謎に包まれているからです。法然の場合、多くの信憑性の高い伝記が書かれており、その生涯について知ることはけっして難しくはありません。しかし、親鸞の場合、信憑性の高い伝記には恵まれず、ただ彼の曾孫覚如《かくにょ》が書いた『親鸞聖人伝絵《しんらんしょうにんでんね》』（以下『伝絵』と略述）が遺されているだけです。しかも、この『伝絵』は、開祖としての親鸞を過剰に美化する面が多いため、事実をどこまで反映しているか疑わしいといわざるをえません。親鸞の生涯を正確に知ることは至難です。ただし、『伝絵』が嘘に塗り固められているわけではありません。その細部には虚飾が目立つものの、親鸞の生涯とその思想の概要は、この書によっておおむね把握することができるように思われます。親鸞がいかに思索し、どのような思想を披瀝したのか。そのことを追う前に、まず、『伝絵』を主たる史料とし、親鸞の書簡やその妻恵信尼《えしんに》の手紙（恵信尼文書《えしんにもんじょ》）などを勘案しながら、彼の生涯を辿ってみましょう。なお、明治の中期には、『伝絵』の信憑性を疑う立場から、親鸞非実在説がとなえられたことがありました。しかし、大正十二（一九二三）年に鷲尾教導《わしおきょうどう》によって本願寺の書庫で発見された恵信尼文書が刊行されて以来、親鸞の実在性はたしかなものとなりました。また、『伝絵』もそれが書かれた時代の語法を忠実に反映しており、すくなくとも偽文書の類いではないことがあきらかになっています。

親鸞は、承安三（一一七三）年に、皇太后宮大進《こうたいごうぐうだいしん》日野《ひの》有範《ありのり》の息男として、京都は日野の里に生をうけました。皇太后宮大進とは、従五位下相当官で、公家の末席に連なる職です。歴史上は、ほとんど問題にもならない官職であったといえましょう。昨今の真宗寺院でのお説法によれば、親鸞は幼くして母を亡くし、道心を起こして九歳のときにみずから青蓮院《しょうれんいん》の慈円《じえん》のもとで得度したことになっています。しかし、これは信憑性に欠ける伝承です。じつは、親鸞の父日野有範は、兄の宗業《むねなり》を介して、歴史の大きなうねりに関わりを持っていたのです。親鸞出家の理由については、その関わりをあきらかにしなくてはなりません。宗業は、後白河法皇《ごしらかわほうおう》の皇子以仁王《もちひとおう》の学問上の師でした。宗業や以仁王が生きた時代は、伊勢平氏一門が栄華を極めた時代です。周知のように、そのような時代の中で、以仁王は源頼政《みなもとのよりまさ》と結んで平氏打倒の兵を挙げました。その際、以仁王が発した令旨は関東や信濃の源氏に伝わり、平氏滅亡の契機となります。しかし、以仁王の挙兵は、圧倒的な武力を誇る平氏の前にあっけない敗北に終わりました。以仁王は敗死します。日野宗業や有範たちは、以仁王の敗死後、自家に難が及ぶこと、すなわち平氏の追及を怖れたのでしょう。日野家では、有範と親鸞を含む三人の息子たちが出家しています。親鸞は、青蓮院の慈円のもとで出家し範円《はんえん》と名乗ったようですが、その出家は、かならずしも道心に根ざすものではなく、政治的事情による側面が大きいと考えるべきでしょう。

親鸞が出家して叡山に登ったのは、彼が九歳のときのことでした。以後二十年間親鸞が叡山でどのような修行を積んでいたのか、その内実はいまもなおほとんど分かっていません。ただし、恵信尼文書には親鸞が叡山にいたころ「堂僧」を務めたという記録があります。これによれば叡山での親鸞の修行は生半可なものではなかったことが知られます。というのも、堂僧とは、中秋の十五日を中心に前後一週にわたって不断念仏に勤仕する僧のことで、高徳の修行者が選ばれるのが通例だったからです。叡山には千日回峰行などのさらなる荒行もありましたが、親鸞がそれを実践したかどうかは分かりません。しかし、不断念仏は、ほとんど不眠不休で念仏を称えながら堂内を歩き回る行であり、千日回峰行ほどではないにしても、そうとうに厳しい修行でした。親鸞が真剣に叡山での修行に取り組んでいたことはたしかだと申せましょう。ところが、親鸞はそうした修行生活に満足することができなかったようです。正治二（一二〇〇）年十二月二十九日の深更、無動寺大乗院で修行中に、親鸞は突然如意輪観音《にょいりんかんのん》の夢告《むこく》を授かります。その夢告は次のようなものでした。

善いかな　善いかな　汝の願　将《まさ》に満足せんとす
善いかな　善いかな　我が願　亦《また》満足す

如意輪観音は、親鸞の願いがいままさに満たされようとしていること、およびその願が観音自身の願いでもあることを告げています。親鸞は何を願っていたのでしょうか。それは、この夢告以後の彼の行動から類推するに、叡山を下って法然の門に帰することであったとしか考えられません。おそらく親鸞は、叡山での修行が自身の内部に巣くう罪業を消滅させるものとはなりえないことに悩んでいたのでしょう。親鸞の罪業意識は強烈なものでした。それは、晩年の彼が「愚禿悲歎述懐《ぐとくひたんじゅつかい》」と題する和讃の中で次のようにうたっていることからも知られます。

浄土真宗に帰すれども
真実の心はありがたし
虚仮《こけ》不実のこの身にて
清浄《しょうじょう》の心もさらになし

「浄土宗の真の教えに帰依するようになっても、わたしは真実の心を持つことができない。嘘偽りに満ちた不実なわが身には清浄の心などかけらもない」と親鸞は歎いています。このような罪業意識が何ゆえに親鸞の心底に蟠っていたのか、その理由は分かりません。末法の世には救いはないという時代意識がそれを生んだということも考えられますが、どうもそれだけではなさそうです。おそらく、親鸞は己れの煩悩を見据えていたのでしょう。その煩悩が天台教団でのいかなる修行をとおしても解消されえないことが、彼を苦しめていたものと思われます。親鸞は、煩悩を抱え込んだままで己れが救済されることを求めました。煩悩具足の凡夫の救い。それを説いていたのは時代の権威天台教団ではなく、新興宗教ともいうべき法然の浄土宗でした。親鸞は、その浄土宗に帰依する道を模索していたのでしょう。如意輪観音の夢告は、その道がけっして誤りではないことを告げるものでした。

この夢告を受けた親鸞は、ただちに百日参籠をこころざし、京の六角堂へと向かいます。六角堂は聖徳太子の創建と伝えられ、太子の夢告を得たいと思う人々が訪れる場所でした。ここでわたしたちは、夢告の意味について考えておくべきでしょう。わたしたち現代人は、夢を無意識の反映ととらえ、意識の奥底に抑圧されていたものが顕在化する場と見なしています。わたしたちにとって、夢は超越者の超越的意思の反映などではなく、自己の内面に潜められていたものの、現実とは別次元での現われにすぎません。しかし、古代から中世を生きた人々にとってはそうではありませんでした。夢とは本来「寐目《いめ》」のことです。すなわち、寝ているときの目です。古代人や中世人は、寝ているときに目がどこか別の世界へと飛んで行って、そこの情景を目の当たりにするのだと信じていました。彼らにとって、夢とは現実世界と異界とをつなぐ回路のようなものでした。彼らは、その回路をとおして異界の超越者がその意思をあらわにするがゆえに、夢告は重大な現実的意義を担うと考えていたのです。親鸞も例外ではありません。彼は、夢の中で直接超越者の意思に接し、それを現実に具現しようと企てたのです。六角堂に籠もった親鸞は、九十五日目の早暁に、聖徳太子の化身である救世観音《くせかんのん》から夢告を与えられます。それは次のようなものでした。

行者宿報《ぎょうじゃしゅくほう》にて設《たと》ひ女犯《にょほん》すとも
我は玉女《ぎょくにょ》の身と成りて犯《ほん》せられむ
一生の間能く荘厳《しょうごん》し
臨終引導して極楽に生ぜしめむ

「仏道の行者がもし女性と肉の交わりをもつことがあったとしても、わたしが玉のように美しい女性の身となり、その交わりを受けよう。そして、一生のあいだ寄り添い、臨終の際には導いて極楽浄土へと往生させよう」という意です。人間には、根本的な欲望として、食欲、性欲、睡眠欲の三つがあります。仏教ではこれらを煩悩と見るのですが、救世観音の夢告は、性欲という根本的な煩悩を抱え込んでいる修行者を、それを抱え込んだ姿のまま救おうというものでした。親鸞は、この夢告を得ることによって法然の教えの正しさを確認します。親鸞にはもはや迷いはありませんでした。この夢告を受けた直後、彼は法然のもとに赴き、その門に入りました。

以後、親鸞は法然の忠実な弟子であり続けます。彼の法然に対する態度は絶対的随順というべきものでした。そのことは、恵信尼文書に、「殿は法然上人のいらっしゃるところであればたとえ悪道であってもついて行こうとおっしゃっていた」とあることからも、あるいは『歎異抄』第二条に次のように記されていることからも知られます。

念仏は、まことに、浄土に生るるたねにてや侍るらん、また、地獄におつべき業にてや侍るらん、総じてもつて存知せざるなり。たとひ、法然上人にすかされ参らせて、念仏して地獄におちたりとも、さらに後悔すべからず候ふ。そのゆゑは、自余の行も励みて仏になるべかりける身が、念仏を申して地獄におちて候はばこそ、すかされたてまつりてといふ後悔もさふらはめ、いづれの行もおよびがたき身なれば、とても、地獄は、一定《いちじょう》すみかぞかし。

親鸞は、法然の念仏の教えによって、その深甚な罪業意識から救われたのです。

念仏以外のいかなる行もなしえない身の上なのだから、法然上人の教えに従って念仏をし、そのためにたとえ地獄に堕ちることになろうとも、自分は一切後悔などしないとまで、親鸞は断言します。親鸞にとって、法然は自己救済の唯一のよすがだったのであり、その法然の教えに背くことなど夢想だにしえない親鸞でした。法然の教えは、極限まで単純化されていました。ただ弥陀の第十八願を信じて、「南無阿弥陀仏」と称えるのみだというのです。法然の門に入った親鸞は、この教えに従って、ひたぶるに「南無阿弥陀仏」を称え続けたものと思われます。親鸞のひたむきさは、法然の認めるところとなりました。親鸞は、法然から肖像画を描くことと、『選択本願念仏集』の書写を許されます。これは親鸞にとって名誉なことでした。親鸞は法然に入門してわずか数年の間に彼の主《おも》だった弟子の一人になっていたようです。ところが、この師弟の睦まじい関係は、そう長くは続きませんでした。ほどなく、法然の一門に法難が降りかかったからです。

二　親鸞の生涯（2）

法然と同時代を生きた天台教団の高僧慈円は、主著『愚管抄《ぐかんしょう》』の中で、「不可思議の愚痴無知の尼入道によろこばれてこの事ただ繁昌に世に繁昌して」と述べています。これは、法然の専修念仏の教えが隆昌していることを伝える一文です。法然の専修念仏の教えは、愚痴無知の民衆の間にまで浸透し、南都北嶺の旧仏教を脅かしていたことが分かります。危機感を強めた旧仏教側は、専修念仏を弾圧する機会を窺っていました。法然門下のさまざまな行状に接して、その機会がついに到来したと考えたのでしょう、元久二（一二〇五）年十月、南都興福寺は、法相宗の高僧貞慶《じょうけい》に起草させた九ヵ条からなる奏状を朝廷に提出し、専修念仏の停止《ちょうじ》を要請しました。これは、法然とその門下が勅許を得ずに私的に一宗を建立したこと、弥陀以外の諸仏（とくに釈尊）を軽んずること、末法に持戒なしとして放逸無慚な振舞いに及んでいることなどを非として掲げるもので、けっして単なるいいがかりではありませんでした。実際、法然たちは、諸仏・諸神を無視しないまでも、弥陀一仏に帰依する姿勢を濃厚に示していましたし、また、悪人こそが救われるという法然の教え（後述）は、門下の間に持戒の僧たちを軽んずる風潮を生んでいたからです。しかし、この『興福寺奏状』は、法然に帰依する九条兼実たちによって阻まれ、さし当たっては朝廷の直接取り上げるところとはなりませんでした。事態は、法然とその門下にとって好都合に進んでゆくように見えました。

ところが、建永元（一二〇六）年十二月、朝廷にとって黙過できない事件が起こります。後鳥羽上皇が熊野参詣のため院御所を留守にしているとき、法然門下の安楽《あんらく》、住蓮《じゅうれん》が京都鹿谷《ししがたに》で六時礼讃《ろくじらいさん》の念仏法会を執り行いました。このとき、上皇寵愛の二人の女官が法会に参列し、上皇に無断で通夜してしまったのです。安楽、住蓮は、法然門下の中でも際立った美声の持ち主たちであり、彼らが称える念仏は、多くの門徒たちを恍惚の境地に導いたといわれています。女官たちも彼らの美声に魅せられたのでしょう。このことを知り、安楽、住蓮と女官たちとの間の性的関係を疑った上皇は激怒します。熊野参詣から帰京した上皇は、興福寺奏状を全面的に受け容れ、翌、建永二（一二〇七、十月「承元」と改元）年二月、まずは安楽、住蓮の二人を斬罪に処しました。次いで同月下旬、上皇は、法然とその主だった門下を流罪もしくは死罪に問いました。これを、浄土宗、および浄土真宗では、「建永《けんえい》（承元《じょうげん》）の法難」と呼びます。このとき、法然は土佐《とさ》へ、親鸞は越後《えちご》へと配流されることになりました。九条兼実らの奔走によって、法然の流刑地は土佐から讃岐《さぬき》に減刑されたものの、師弟は別れ別れにならざるをえなくなりました。そして、この別れは永遠のものとなってしまったのです。

遠流とは想像以上に厳しい罪です。流された先では、食料の自給自足を余儀なくされました。おそらくは農耕体験のなかった親鸞にとって、田畑を耕し、海川で魚を釣ることは至難であったでしょう。遠流の罪は死罪に等しかったといっても過言ではありません。しかし、越後に配流されたことは、親鸞にとって幸いでした。越後の板倉郷《いたくらごう》には九条家の荘園があり、親鸞はその地で荘官を務めていた三善《みよし》家の援助を受けることができたからです。恵信尼は、三善家ゆかりの女性で、親鸞は越後流罪中に彼女と正式に婚姻関係を結んだようです。僧侶として妻帯したのは親鸞が最初であったわけではありません。南都北嶺の僧侶たちの中には、実質的に妻帯している者が多数いたといわれています。しかし、正式に（公然と）婚姻関係を結んだのは親鸞が最初でした。五戒の一つ「不邪淫」を犯したことになりますが、おそらく親鸞には戒を破ったという認識はなかったものと思われます。というのも、流罪に処せられた際、親鸞は朝廷から「藤井善信《ふじいよしざね》」という俗名を与えられ、僧籍を剥奪されていたからです。親鸞は、流罪以後「非僧非俗」という立場に身を置きました。もはや僧ではない者が結婚したとて何の問題があろうか、というのが親鸞の偽らざる心境であったと思われます。そして、親鸞は、死を迎えるまで「非僧非俗」の立場を貫きます。

親鸞と恵信尼との間には六人の子どもが生まれています。このことは、師法然にはありえなかった内面的葛藤が親鸞に起こったことを示唆しています。法然は、戒を守りえない凡夫の往生を説きながらも、みずからは戒を守り独身を貫きました。彼には、家族を絆《ほだ》しとして生ずる愛執の苦悩はなかったと見てよいでしょう。しかし、親鸞は妻子を持つことによって、独身者には容易に理解できない苦しみを懐かざるをえなくなりました。いくら切り捨てようともがいても、どうしても捨てきれない家族への愛に彼は悩まされたのです。仏教では、異性や家族などへの愛は「執着」として否定されます。釈尊以来の仏教を継承するという自覚を持っていたはずの親鸞にとって、妻子への愛は覚りを阻む絆し以外の何ものでもなかったでしょう。愛執は、最晩年の親鸞にとって大きな重圧となっていきます。親鸞の罪業意識が師父法然のそれをも超えてある種の凄みのようなものを示すのは、そうした愛執ゆえのことであったようにも見うけられます。

さて、法然や親鸞の流罪はいつまでも続いたわけではありません。建暦元（一二一一）年、朝廷の裁可によって彼らの罪は赦免されます。親鸞は晴れて京の都に帰れる身となったわけです。ところが、親鸞は京都には戻りませんでした。彼は、しばらくの間妻子とともに越後で過ごしたのち、関東に向かって旅立ちます。帰洛を思い止まったのは、赦免の翌年に法然が示寂《じじゃく》し、京都での布教活動の目処が立たなかったからではないかと思われます。そもそも、法然の門に入ってわずかに六年しか経ていない親鸞が、建永の法難において師と並ぶ重い罪に問われたのは、何か特別な理由があってのことと考えられます。親鸞が妻帯していたためだと説く向きもあるようですが、彼の妻帯はすでに述べたように、越後流罪以後のことと考えるのが穏当のようです。だとすれば、理由はどうやら別のところにありそうです。この講義でものちに詳しく語りますが、悪人こそが往生するという悪人正機説は、もともと法然に由来します。親鸞は、法然の門下にあったとき、弟子の中でそれをもっとも鮮烈な形で表明していたのではなかったでしょうか。わたしは、そのことが朝廷の咎めるところとなり、親鸞への重い処分を招いたものと考えます。これも次節以下で詳述しますが、親鸞の思想の核心をなすものは、人間はその存在構造の面から見て悪を免れえないという認識です。親鸞は、法然亡きいま、都でそうした自己の基本認識を披瀝することには無理があると見たのではなかったでしょうか。彼は、妻子を伴って関東へ移住し、常陸国笠間郡稲田郷《ひたちのくにかさまごおりいなだごう》に草庵を構えて、そこで布教活動に従事します。では、なぜ稲田郷だったのでしょうか。関東は広大な地域です。布教活動を展開するにはもっと好都合な土地がほかにあったはずです。親鸞の草庵の跡地に西念寺《さいねんじ》という寺（浄土真宗別格本山）が建てられている今日の稲田郷は、交通の便のよくない地です。親鸞の時代にも、不便な土地だったことでしょう。それを思うと、なぜ稲田郷だったのか、不思議だといわざるをえません。

考えられる理由の一つは、親鸞の時代、越後から来た開拓民が多数稲田郷の近辺に居住していたらしいことです。そこには三善家の所領もあったものと推定されます（近隣には九条家の荘園もありました）。親鸞は、稲田郷で三善家の援助を受けつつ、まずは縁浅からぬ越後からの移住民を相手に布教活動を展開しようとしたのではなかったでしょうか。もう一つの理由は、主著『教行信証《きょうぎょうしんしょう》』（顕浄土真実教行証文類《けんじょうどしんじつきょうぎょうしょうもんるい》）の執筆です。『教行信証』は、明恵の『摧邪輪《ざいじゃりん》』や貞慶の『興福寺奏状《こうふくじそうじょう》』への反論を眼目とする書で、親鸞畢生の大著です。この大著は、しかし、親鸞自身のことばよりもむしろ各種経典や論釈からの引用をちりばめることによって成ったものです。親鸞は天台教団で厳しい修行を積んだ僧でした。その学問的素養も並外れたものであったと考えられます。ですが、いかに優れた学僧であっても、経典や論釈のすべてを暗記しているということはありえないでしょう。『教行信証』を書くためには、親鸞は資料を必要としたはずです。なかんずく一切経《いっさいきょう》は不可欠でした。じつは、その一切経が鹿島神宮に所蔵されておりました。稲田郷に居を構えることによって、親鸞は鹿島神宮の一切経を閲覧する機会に恵まれたのではなかったでしょうか。現在の稲田郷は、鹿島神宮からずいぶんと遠い距離にあります。陸路を辿れば、自動車で三時間程度を要するでしょう。ところが、親鸞の時代には霞ヶ浦が現代よりもかなり広大で、稲田郷の近辺にまで達していたものと推定されます。船に乗れば、鹿島神宮への往還はけっして困難ではなかったのです。やはり『教行信証』執筆への意欲が、親鸞を稲田郷に住まわせた理由の一つだと見ても誤りではなさそうです。

法然は、遺された消息などからあきらかなように、主として公家や上級武士に対して布教活動を行いました。もとより商人や農民を無視したわけではありませんが、法然への帰依者に上層階級に属する人々が多かったことは事実です。これに比べると親鸞の布教活動は、より下層の人々を対象としていたといってよいでしょう。親鸞は、主に常陸国とその周辺の農民たちに念仏の教えを説いていたのでした。親鸞の布教活動の実態は、『親鸞聖人門侶交名牒《しんらんしょうにんもんりょきょうみょうちょう》』を見ることによってあきらかになります。それによれば、親鸞面授の門弟は四十数名を数えたことが知られます。これに、親鸞の書簡集『末燈抄《まっとうしょう》』に記載された門弟を加えると、親鸞に直接師事した門弟は六十数名ということになります。これらの門弟たちは、それぞれ道場主として数十人から数百人の門徒を抱えていたと推定されますから、稲田郷を拠点とする布教活動によって、親鸞は一万人近い門徒を獲得していたものと考えられます。おそらく、親鸞は「教団」を組織しようという意図は持たなかったのでしょう。もしそのような意図があれば、彼はあくまでも常陸国に止まったでしょうし、寺院経営も視野に入れたことでしょう。親鸞は、ただ法然直伝の教えが関東の民衆の間に広まることを望んだだけでした。

布教活動の傍ら、親鸞は主著『教行信証』の執筆に力を入れました。先にも触れたように、この書は、明恵や貞慶の法然批判に対する反論を主眼とするもので、一般民衆に向けて書かれたものではありません。漢文で書かれ、各種経典や祖師たちの論釈をちりばめたこの書は、とうてい一般民衆に理解できるようなものではありませんでした。しかし、この書を書くことによって浄土宗の仏法としての正当性と正統性とを示すことは、親鸞にとって、生涯最大の課題の一つでした。『教行信証』は、親鸞五十二歳のころに一応の完成を見たと推定されます。もちろんこのことは、この書が現存の形態で完結したことを意味しているわけではありません。親鸞は、最晩年に至るまで、この書に補訂・改定を加えてゆきます。『教行信証』は未完の書であったというべきなのかもしれません。

親鸞は、稲田郷で二十数年の歳月を過ごしました。布教活動は成功を収め、『教行信証』を書き上げたわけですから、稲田郷を去る必要性はなかったものと思われます。ところが、六十三歳のとき、親鸞は突然妻子を伴って京都に帰ります。理由は定かではありません。『教行信証』の補訂・改定のために資料が必要だったからだと説く向きもありますが、先にも述べたように、資料は稲田郷でも手に入ったはずですから、そのように考えるのは無理でしょう。わたしは、六十三歳という親鸞の年齢が真相を語っているように思います。六十三歳といえば、当時としてはかなりの高齢でした。親鸞は死を覚悟していたのではないでしょうか。故郷を終焉の地としたい。そういう思いが、親鸞に京都へ帰ることを選ばせたのではないか、とわたしは思います。

京都に戻った親鸞は、みずから寺を持つこともなく、知人の寺々に寄宿する生活を送ります。妻恵信尼の故郷越後から送られてくるわずかばかりの金品と、関東の門徒たちからの志納金で糊口をしのがなければなりませんでした。越後の領地の管理に関して問題が生じたのでしょう。恵信尼はやがて越後に帰ってしまいます。子どもたちと共に京都に残された親鸞は、彼ら・彼女らのめんどうを見ることすら困難な状況に置かれました。妻子への愛執が親鸞をとらえます。「非僧非俗」を自称する親鸞は、己れが煩悩具足の徒であることを、いやが上にも深く自覚せざるをえませんでした。凡夫の救いを求める彼の思いは、関東時代にも増して強烈なものとなっていきます。そうした思いを、彼は、多数の和讃や和文による著述に託すようになります。彼の執筆活動が晩年になってますます旺盛になったゆえんです。

晩年の親鸞は孤独でした。恵信尼が越後に帰ったからでもなければ、京都での布教活動が思うに任せなかったからでもありません。彼の教説が、関東の門徒たちの間で誤解され、異説・異義が横行したからです。次節で詳しく論じる予定ですが、親鸞は、悪人こそが往生する機（人間）であるという悪人正機《あくにんしょうき》の説をとなえていました。親鸞帰京後の関東の門徒たちの中には、この悪人正機の説を曲解し、悪人こそが往生するならば、どのような悪行を働いても問題はないと考える者が多数現われたのです。こうした人々の振舞いを親鸞は「造悪無碍《ぞうあくむげ》」と呼びました。造悪無碍が盛んになってゆく情勢の中で、鎌倉幕府は親鸞の門徒たちに弾圧を加える方向に動き始めました。また、念仏を称える者は無間地獄に堕ちると主張する日蓮《にちれん》の教えが、関東の一部に広まりつつありました。こうした情勢の中で、親鸞は息男善鸞《ぜんらん》を関東に派遣し、異説・異義をできるかぎり斥けようとします。

善鸞は父の門弟たちを糾合し、彼らを父が説く教えへと導こうとしたことでしょう。ところが、親鸞から見れば異様な事態が生じます。造悪無碍に奔る門弟たちを本来の教えへと回帰させているという善鸞の報告とは裏腹に、門弟たちは、善鸞が父から秘密に教えられたと称する法門を説いているという知らせを親鸞に送ってきたのです。当初親鸞は信じませんでした。しかし、善鸞は政治権力と結んで、父の古くからの門弟たちを排斥する動きを見せていました。善行を行う者のみが弥陀の本願の対象になると説き、悪人正機を否定したばかりか、法蔵菩薩の第十八願を「しぼめる花」に譬えた善鸞のもとに、多くの門徒が結集しつつあると聞いた親鸞は、善鸞の行動を抑止する必要に迫られました。善鸞がなぜ父の教えを乱す言動をとったのか、その理由は分かりません。弥陀の願力に与かって念仏を称えることのみが肝要と説く親鸞には秘密の法門などあろうはずもありません。また、法蔵菩薩の第十八願は、親鸞の教説の核を為すものでした。それを親鸞が「しぼめる花」という無意味なものに譬えることなどありえようはずもありません。善鸞には彼なりの理由があったのかもしれません。しかし、親鸞の門下では、悪人正機を否定し、第十八願を無視することはけっしてあってはならないことでした。信頼できる弟子たちからの報告を受けて、ついに親鸞はわが子を義絶することを決意しました。

親鸞は善鸞に次のように述べる書状を送りました。

親鸞にそらごと申しつけたるは、父を殺すなり。五逆のその一なり。この事ども伝へ聞くこと、あさましき様申す限りなければ、いまは親といふことあるべからず、子と思ふこと思ひきりたり。三宝・神明に申しきり了りぬ。悲しきことなり。

建長八（一二五六）年五月、親鸞八十四歳のときのことでした。親鸞の思想は、息男にすら正確に理解されていなかったのです。そのことを知ったとき、親鸞の孤独感はいや増しに増したことでしょう。法然の教えを忠実に継承し、いわば極限まで切り詰められた親鸞の思想は、要するに「信心を頂戴しつつ念仏して弥陀にお助けいただく」という一語に尽きるものでした。この簡潔な教説が、簡潔であるがゆえに多くの誤解・曲解を生むさまを目の当たりにしつつ、親鸞は残された日々を、和文脈による著作と和讃《わさん》の制作に捧げます。ただ自分のことばのとおりに単純に理解してくれればそれでいいのだ。親鸞はそう願いながら、著述に専念していたのだと思います。しかし、善鸞義絶以後の親鸞に残された時間はごくわずかなものでした。弘長二（一二六二）年十一月二十八日、親鸞は、寄宿先善法院の片隅で、益《ます》方入道《かたにゅうどう》と覚信尼《かくしんに》の二人の子らに見守られながら、ひっそりとその生涯を終えました。享年九十でした。

親鸞示寂の知らせはただちに越後の恵信尼のもとに伝えられました。その知らせに対する返書の中で恵信尼は、「されば御臨終はいかにもわたらせ給へ」と述べています。殿のご最期がどのようであらせられたにせよお浄土に往かれたことだけはたしかだ、というのです。『行状絵図』などの法然の伝記が彼の臨終についてさまざまな奇瑞を記すのに対して、親鸞の臨終については、ほとんど何も伝えられていません。恵信尼の返書は、親鸞の最期が目覚ましいものではなかったことを示唆しているように思われます。ひょっとすると、親鸞の最期は泰然自若たるものではなかったのかもしれません。煩悩具足の凡夫、罪悪深重《じんじゅう》の凡愚の自覚に生きる親鸞は、あえて煩悩を示しながら死んでいったのではないでしょうか。弟子たちや息子にさえ正しく理解されえなかった孤独な思想家として、彼は、その理解されえないことへの苦渋にさいなまれながら、後ろ髪を引かれる思いでこの世を去ったのかもしれません。しかし、たとえそうであったとしても、それはけっして親鸞自身を裏切る死に方ではありませんでした。親鸞は、煩悩具足の人として、悪人こそが救われるというみずからの教説に忠実な姿で逝ったというべきでしょう。

三　悪人正機説

これまで辿ってきたその生涯からもあきらかなように、親鸞思想の核心をなすものは、「悪人」の自覚でした。その自覚がいかに強烈なものであったかは、『教行信証』信巻でアジャセ王の物語、すなわち「王舎城《おうしゃじょう》の悲劇」を涅槃経《ねはんぎょう》から大部にわたって引用する直前に、彼が次のような述懐をしていることからも明白です。

誠に知んぬ、悲しきかな愚禿《ぐとく》鸞、愛欲の広海に沈没《ちんもち》し、名利《みょうり》の太山《たいせん》に迷惑して、定聚《じょうじゅ》の数に入ることを喜ばず、真証の証《さとり》に近づくことを快《たの》しまざることを、恥づべし傷《いた》むべしと。

自分は今《いま》なお愛執にとらわれ、名声や利益を求めてさ迷っている。浄土への往生が決定した正定聚《しょうじょうじゅ》の位に就いてもそれを喜ぶことができず、覚りの境地を楽しむこともできない、まさに自分は煩悩の塊である、というのです。後述するように、親鸞のいう「悪人」にはわたしたちが通常考えるよりもより深い意味がありますが、さしあたって、ここでは、親鸞は煩悩にとらわれて在ることを悪と見なしていると仮定しておきましょう。すると、親鸞は、みずからが悪人であるという自覚のもとに「王舎城の悲劇」を語っていることになります。「王舎城の悲劇」では、アジャセ王の悪逆無道な振舞いが描かれますが、親鸞は、それを遠い過去に起こった他人事としてではなく、自分自身の喫緊の問題としてとらえていたといえましょう。「王舎城の悲劇」については、のちほど詳しく説明することにします。目下の段階では、親鸞における悪人の自覚が、いわゆる「悪人正機説」を導いたことを指摘しておきたいと思います。悪人正機説とは、親鸞晩年の高弟唯円《ゆいえん》の書『歎異抄《たんにしょう》』の第三条に説かれた思想です。同条は次のように語っています。

一、「善人なほもつて往生を遂ぐ。いはんや、悪人をや。

しかるを、世の人つねに言はく、『悪人なほ往生す。いかにいはんや、善人をや』。この条、一旦、そのいはれあるに似たれども、本願他力の意趣にそむけり。

そのゆゑは、自力作善《じりきさぜん》の人はひとへに他力をたのむこころ欠けたるあひだ、弥陀の本願にあらず。しかれども、自力のこころをひるがへして他力をたのみたてまつれば、真実報土《しんじつほうど》の往生を遂ぐるなり。

煩悩具足《ぼんのうぐそく》のわれらは、いづれの行にても、生死《しょうじ》を離るることあるべからざるを憐れみ給ひて、願をおこし給ふ本意、悪人成仏のためなれば、他力をたのみたてまつる悪人、もつとも、往生の正因《しょういん》なり。

よつて、善人だにこそ往生すれ、まして、悪人は」と仰せ候ひき。


唯円によれば、親鸞は、善人でさえも往生を遂げることができるならば、まして悪人が往生するのは当然である、と述べていることになります。この言説、すなわち、「善人なほもつて往生を遂ぐ。いはんや、悪人をや」を、わたしたちは悪人正機説と呼んでいます。現代では悪人正機説の元祖は親鸞と認定されており、高校の倫理の教科書などにも、親鸞の項に「悪人正機説をとなえた」と記されています。親鸞といえば悪人正機説、悪人正機説といえば親鸞、というのが、わたしたちの一般的な理解であると申せましょう。しかし、厳密にいえば、悪人正機説をとなえたのは、親鸞が最初ではありません。親鸞と信心の同一性をめぐる議論を戦わせた人物として著名な（『歎異抄』後序）勢観房源智《せいかんぼうげんち》の『法然上人伝記《ほうねんしょうにんでんき》』（醍醐三宝院所蔵）は、「善人尚以《なおもっ》て往生す、況《いわん》や悪人をやの事。口伝《くでん》これあり」と記しています。

これによれば、親鸞に先立ってすでに法然が悪人正機説をとなえていたことになります。それればかりではありません。興福寺奏状を起草して法然とその一門を断罪した法相宗の僧貞慶も、その著作『地蔵講式《じぞうこうしき》』の中で、「是を以て利益の世に新たなるや、末代ほとんど上代に過ぎ、感応の眼に満つるや、悪人かえつて善人に超ゆ」と述べています。地蔵菩薩の救済力は善人よりもむしろ悪人にこそ働く、というのです。こうした例を見ると、悪人正機説は、親鸞の独創ではなかったと考えざるをえません。それどころか、悪人正機説は、他力浄土門、自力聖道門の別を問わず、時代の通念となっていたといってもよいように思われます。

すると、親鸞はただ時代の流れに棹を差して、「善人が往生するとすれば悪人が往生するのは当然のことだ」といっているにすぎないのでしょうか。一見したところ、親鸞の悪人正機説には特段の特殊性は見当たらないように思えます。ところが、『歎異抄』の文脈をつぶさに読み込んでみると、意外な事実に突き当たります。すなわち、唯円が引用するところによれば、親鸞は「自力作善の人はひとへに他力をたのむこころ欠けたるあひだ、弥陀の本願にあらず」と語っています。これは、善人が弥陀の本願の本来の対象とはならないと断ずるもので、善人の往生を否定する言説だといわざるをえません。法然は、『選択集』などでは善人正機の立場に立っていますし、源智の『伝記』においても、「善人もまた往生する」という立場を崩していません。貞慶も同様です。地蔵菩薩はまず悪人を救うと説いていますが、善人は救わないとはいっていません。善人は本願の対象とならない。そういい切ったところに親鸞の独創があるというべきでしょう。

しかし、倫理的・道徳的視点から見た場合、悪人が往生できて善人が往生できないという言説は、異様なものとしかいいようがありません。家族を愛し真面目にこつこつと働く父親が浄土へと往生する資格を持たず、父親が稼いだ金銭を遊興に浪費するどら息子が真っ先に弥陀の救いに与かるというような論理は、すくなくとも倫理的・道徳的に破綻しているとしかいいようがありません。それは「破戒の論理」だといっても過言ではないでしょう。親鸞はなぜこのような反倫理的で不道徳な発言に及んだのでしょうか。わたしたちは、いよいよ親鸞思想の核心をなす「悪」の問題に近づいたようです。「非僧非俗」を貫きながらも、あるいは肉食妻帯《にくじきさいたい》を実行しながら、なお数多《あまた》の人々を仏道へと導いた親鸞が、破戒の論理を展開する破戒僧であったとは考えられません。親鸞の悪人正機説における「悪」の認識は、時代の通念とは異なるものだったのではないでしょうか。わたしたちは、この親鸞思想に関するもっとも重大な問題を問うべきときを迎えたようです。ただし、その前に『歎異抄』の筆者についてよく考えておく必要があります。筆者が誰かによって、第三条の悪人正機説の重要度も幾分か変化してくるからです。

四　『歎異抄』の筆者

わたしは、先ほど歎異抄の筆者は唯円《ゆいえん》であると述べました。これは昨今の通説に依拠する発言です。しかし、唯円を著者と断定することについては、じつはもう少し慎重でなければならないようです。現存の歎異抄の写本は、すべて本願寺第八世法主蓮如《ほっすれんにょ》によって編まれた蓮如本を祖本とします。蓮如本には、「右斯《こ》の聖教《しょうぎょう》は、当流大事の聖教と為す。無宿善《むしゅくぜん》の機に於いては、左右《そう》無く之《これ》を許すべからざるものなり」という奥書が付されています。そのためでしょうか、歎異抄は蓮如の時代以後、ながらく宗門の内部に秘匿され、一般に公開されることがありませんでした。この書が一般の人々が直接読める書となったのは、明治中期の清沢満之《きよざわまんし》らの真宗改革運動以後のことでした。すなわち、清沢たちは、歎異抄を浄土真宗の核心を語る書物と見定め、それが一般に公開されるよう積極的に運動を行いました。その結果、歎異抄は一般の人々に開かれた書物となったのです。ただし、このことは、歎異抄研究が清沢以前の段階でまったく行われていなかったことを意味するわけではありません。江戸時代中期のころから、宗門内部でこの書は議論の対象とされていました。わけても、その筆者をめぐる議論には激しいものがありました。

江戸時代中期以後明治から大正期にかけて、筆者については、主に三つの説が説かれてきました。一つは、親鸞の孫で善鸞の息男に当たる如信《にょしん》が書いたとするもの、二つ目は、親鸞の曾孫で覚信尼の孫に当たる覚如《かくにょ》の作とするもの、そして三つ目は、水戸の河和田の報仏寺の開基と伝えられる唯円によるとするものです。この中で、覚如説は、江戸末期にはすでに潰え去ったようです。と申しますのも、歎異抄は、親鸞の口吻を如実に伝えており、それは直《じか》に親鸞に接した者にしか書けないと考えられたからです。覚如は、親鸞没後に生まれております。したがって、覚如が親鸞に直接接した可能性は絶無ということになります。問題は、つまるところ如信か唯円か、に帰着しました。両説は、それぞれ次のような論拠をもって主張されています。

まず、如信説を見てみましょう。歎異抄の内容は、覚如が弟子に口述筆記させた、親鸞の言動を伝える書物『口伝抄《くでんしょう》』と一致する側面を数多く含んでいます。口伝抄は、覚如が如信から聞いた事柄を記すものです。すると、歎異抄と口伝抄との内容上の重なり合いは、前者の筆者が如信であった可能性を示すことになります。しかも、如信は、親鸞の直接の後継者、すなわち本願寺第二世法主です。覚如は第三世法主。歎異抄は、親鸞直々の口伝として第二世から第三世へと伝えられたと考えてもけっしておかしくはありません。如信は、最晩年の親鸞に近侍していました。祖父が孫に浄土宗の核心を語り、それを孫が後代に伝えた可能性は十分にあるというべきでしょう。

次に唯円説です。これは、ほかならぬ歎異抄の中に唯円が二度にわたって登場することに論拠があります。一つは、第九条で、「念仏を称えても浄土に往きたいという気持ちになれないのはどうしたことでしょうか」という質問に親鸞が「この親鸞もそういう不審を懐いていたのだが、唯円房も同じ気持ちだったんだなあ」と応ずる箇所です。もう一つは、第十三条で、親鸞が「唯円房はわたしのいうことを信じるか」と問いかける部分です。この二ヵ所は、唯円が歎異抄の書き手であった可能性をかなり高いものにします。現代の歎異抄研究は、この論拠に基づいて歎異抄は唯円の作であると断定する傾向にあります。

ですが、歎異抄の中に唯円が現われるということは、その書き手が唯円であったことの絶対的な根拠にはなりません。親鸞との問答を見るに、唯円は才気煥発な人物であったようです。彼もまた最晩年の親鸞のもとに侍り、親鸞との対話に精魂を傾けていたのでしょう。しかし、それは唯円ただ一人が書き手の資格を持つことを示してはいません。親鸞と唯円との間で交わされる問答。それにじっくりと耳を傾けていた第三者が、のちに歎異抄を書いたというこことも、ありえないことではありません。そして、その第三者が如信であったとすれば、俄然如信説が力を得てくることになります。蓮如が語るように、歎異抄は浄土宗の中の親鸞一門、すなわち浄土真宗にとって聖教でした。それが聖教として位置づけられるには、筆者の権威が物をいったことでしょう。水戸の河和田の唯円よりも、如信の方がよりいっそう権威を持つことも事実でしょう。となれば、歎異抄の書き手が如信であった蓋然性は、けっして排除できないといわざるをえません。

さて、如信か唯円か、わたしたちはどう判断すべきでしょうか。正直に申しますと、わたしにはいずれとも断定することができません。歎異抄に唯円の名が現われることは、ある意味で決定的ともいうべき論拠でしょう。しかし、親鸞に義絶された善鸞の子息が親鸞の教説の核心を後世に伝えるという構図は、じつに魅力的です。倉田百三《くらたひゃくぞう》の『出家とその弟子』という戯曲は、死に臨んで善鸞を許す親鸞の姿を描いています。この戯曲に登場する親鸞と善鸞は、恩讐を超えた関係にあったといってもよいでしょう。親鸞とその家族たちは、恩讐の彼方に、大きな葛藤を乗り超えて、互いに睦み合う関係にあった。如信説を採るならば、そのように想像することも可能になってきます。学問的には唯円説を採択すべきでしょう。わたしも、一応は筆者は唯円と見ておきます。しかし、同時に如信説も捨て去ることなく、脳裏に止めておきたいと思います。

五　五つの解釈

さて、本題に戻りましょう。歎異抄の悪人正機説は、破戒の論理であり、それを説く親鸞は破戒僧だったのでしょうか。それとも、親鸞には何か深い意図があったのでしょうか。歎異抄が一般に公開された明治期以来、多くの研究者たちによって、親鸞を破戒の論理から解放するためにさまざまな説がとなえられてきました。この講義では、まず、そのうちの主なものを五つご紹介し、その上で各説に対して検討を加えてみたいと思います。

第一に挙げるべきは、専門（文献学）的親鸞研究者たちの説で、歎異抄の言説と親鸞自身のそれとはいったんは切り離して解釈すべきである、とするものです。これによれば、主著『教行信証』を始めとする親鸞自身の言説の中には、悪人正機を説く文脈は一例も現われないといいます。歎異抄は伝聞に基づく書であり、その史料的価値は親鸞自身の著述よりも低い、と専門的研究者たちは説きます。つまり、歎異抄第三条に悪人正機説が説かれているとしても、それは、親鸞自身が悪人正機を語ったことを意味しないというのです。そうすると、悪人正機説は親鸞の思想ではなく歎異抄の筆者の思想であったことになり、当然ながら親鸞は破戒の論理を説く破戒僧などではなかったと考えることができます。

第二に、社会思想的な視点からの説があります。これは、「善人なほもつて往生を遂ぐ。いはんや、悪人をや」といわれる場合の「善人」とは、公家や上級武士などの富裕層をさし、一方「悪人」とは、狩猟民や漁民、農民などの貧困階層をさす、と解するものです。これによれば、親鸞は、下層階級の、すなわち社会的弱者の救済をめざした宗教的社会改革者であったことになります。親鸞は弱者の立場に身を寄せて悪人正機を説いたと考えようという次第です。この説に従う場合にも、親鸞は当然破戒の論理を説く破戒僧などではなかったということになります。

第三に挙げるべきは、親鸞思想の核心から歎異抄第三条の意義を問おうとするものです。親鸞は、主著『教行信証』の教巻冒頭で、こう述べています。「謹んで浄土真宗を按ずるに、二種の回向あり。一つには往相《おうそう》、二つには還相《げんそう》なり」と。この一文は、親鸞の主たる関心事が往相・還相二種回向にあったことを示しています。この一文に注目した研究者たちは、親鸞にとって肝要だったのは、凡夫が弥陀の願力によって浄土へと往相回向することと、往相回向した凡夫が仏となって現世に還り、いまだに救われていない人々を浄土に向けて救い取ること（還相回向）だったと主張します。そのような観点から歎異抄第三条を読むと、そこには親鸞思想の核心は認められないことになります。彼らはいいます。親鸞の主要な関心事でもない悪人正機説に拘泥して、その意義を穿鑿することにはあまり意味がない、と。そうすると、意味のない思想にこだわって、親鸞が破戒の論理を展開する破戒僧か否かを問うことなど、まったく無用な試みということになります。この場合にも、親鸞は破戒の問題から解放されます。

第四に、現実性と可能性とを区別する視点から、歎異抄第三条にいう悪の意味をとらえようとする解釈があります。これは、親鸞は間違いなく悪人正機を説いているという立場に立つものです。しかし、この解釈は、歎異抄第三条は親鸞の思想を適切に反映するものではない、と主張します。すなわち、親鸞は人間が現実に悪を犯しながら生きていること、いいかえれば「現実的悪」を問題にしていたにもかかわらず、歎異抄の筆者は人間が悪しきものでもありうる可能性、つまり「可能的悪」を問題にしているにすぎない、というのです。このように解するならば、歎異抄の悪人正機説は師説を裏切っていることになり、これを親鸞の所説として取り扱う必要はないことになります。そうなると、親鸞が破戒の論理を説く破戒僧か否かを、歎異抄の文脈に即して考えること自体が意味をなさないといえるでしょう。

第五に、親鸞の悪人正機説は、逆説を説くものだとする解釈があります。すなわち、「善人なほもつて往生を遂ぐ。いはんや、悪人をや」といわれる場合、「善人」とは、自分が悪人であることを自覚していない、真の意味での悪人をさしており、「悪人」とは自分が悪い人間だということを自覚し、それを恥じている真の意味での善人をさすというのです。ここでは親鸞が万人悪人説を説いたという前提で議論が展開されており、後述のようにそれは正当な理解と認められます。このように、「善人」とは悪人のことで「悪人」とは善人のことだと解するならば、親鸞はじつは「悪人でも往生するならば、善人が往生するのは当然だ」という、法然の『選択集』や『行状絵図』などで繰り返し強調される「善人正機説」を展開していることになります。善人正機説を説く親鸞が、破戒僧であるはずはありません。この解釈も親鸞を破戒の論理から見事に救い出していると申せましょう。

以上の五つの解釈は、一見いずれも妥当性を持ち、それぞれに親鸞思想の核心を衝くもののように見えます。しかし、これらの解釈を逐一綿密に検討してみると、それぞれが重大な難点を抱え込んでいることが分かります。

まず、第一の解釈に関してですが、悪人正機説を説いたのは歎異抄の著者であって親鸞ではないとすることには無理があります。というのも、先にも指摘したように、悪人正機説は、平安末期から鎌倉初期にかけて、仏教界のいわば常識となっていたからであり、また、親鸞自身が悪人正機説を口伝として弟子に説いたことについては、『末燈抄』所収の書簡から見て否定しがたいものがあるからです。『末燈抄』は、本願寺第三世法主覚如の次男従覚《じゅうかく》が編纂した親鸞の書簡集ですが、正確に親鸞のことばを伝えるものと考えられます。その『末燈抄』の中で、親鸞は、関東の門弟たちに対して、繰り返しいくたびも造悪無碍を戒めています。造悪無碍とは、悪を犯せば犯すほど弥陀の本願力に与かりうる可能性が高くなるのだから、みずから進んで悪を為そうという考え方です。

たとえば、親鸞は『末燈抄』の第十六書簡でこう述べています。

なによりも聖教の教へをも知らず、また浄土宗のまことの底をも知らずして、不可思議の放逸無慚の者どものなかに、悪は思ふさまに振舞ふべしと仰せられ候ふなるこそ、かへすがへすあるべくも候はず。北の郡にありし善證房といひし者に、つひにあひむつることなくてやみにしをば見ざりけるにや。凡夫なればとて、なにごともおもふさまならば、盗みをもし、人をも殺しなんどすべきかは。もと盗みごころあらん人も、極楽をねがひ、念仏を申すほどのことになりなば、もとひがうたるこころをもおもひなほしてこそあるべきに、そのしるしもなからん人々に、悪くるしからずといふこと、ゆめゆめあるべからず候ふ。煩悩にくるはされて、おもはざるほかにすまじきことをも振舞ひ、いふまじきことをもいひ、おもふまじきことをもおもふにてこそあれ。さはらぬことなればとて、人のためにも腹ぐろく、すまじきことをもし、いふまじきことをもいはば、煩悩にくるはされたる儀にはあらで、わざとすまじきことをもせば、かへすがへすあるまじきことなり。

煩悩に狂わされて、してはならないことをしたり、いってはならないことをいったり、あるいは、思うべきでないことを思ったりするのはやむをえない、しかし、往生の障碍にならないという理由で思うままに悪しき振舞いをなすようなことがあってはならない、と親鸞は放逸無慚な振舞いに及びがちな門弟たちを厳しく戒めています。親鸞は、なぜこのようなことをいくたびも（『末燈抄』第十九書簡、第二十書簡など参照）門弟たちに向かっていわなければならなかったのでしょうか。理由は一つしか考えられません。それは、親鸞が関東在住のころに門弟たちに向かって直接口伝として悪人正機説を語ったことがあり、それが誤解されて門弟たちの間に造悪無碍の立場に立つ者が多数現われたから、というものです。親鸞は、間違いなく悪人正機説を説きました。親鸞がそれを説いていないとする第一番目の解釈には無理があるといわざるをえません。

親鸞を宗教的社会改革者とする第二の解釈には現代でもなお魅力があります。貧者の味方親鸞の姿が髣髴としてくるからです。しかし、富める者・身分の高い者が浄土に往生することができず、貧しき者・身分の低い者が浄土に往けるとするのは、あきらかに逆差別です。貧乏人だから信心が篤く、金持ちだから信心が薄いとはいえないでしょう。仏教は釈尊の前での衆生の平等を強調する宗教です。親鸞は、あくまでも釈尊の教えを継ぐ仏教者であったはずです。その親鸞が逆差別につながる思想を披瀝するとは考えられません。しかも、この講義でものちに詳しく論ずるように、親鸞は、社会的地位や仏教に関する知識の広狭を問わず、弥陀を信じる者のその「信心」はすべて同一であると説いています。もとより、親鸞が宗教的な社会改革を志向しなかったとはいえません。彼は、貧しき者、社会的弱者の信仰面における救済ということを常に念慮のうちに置いていたことでしょう。ですが、彼は、けっして逆差別を説かなかったはずです。親鸞が説いたのは、貧富の別なく、己れの悪に苦しむ者が救済される可能性であったというべきでしょう。したがって、第二の解釈は成立しえないことになります。

第三の解釈はどうでしょうか。たしかに、『教行信証』の教巻冒頭部分で、親鸞が往相《おうそう》・還相二種回向《げんそうにしゅえこう》に言及していることは事実です。「親鸞」という名前が世親の「親」と曇鸞の「鸞」とを採ったものであることからもあきらかなように、親鸞は世親と曇鸞を敬仰していました。曇鸞は往相・還相二種回向を強調した思想家です。親鸞の生涯をかけた課題の一つが往相・還相二種回向をいかに実践するかにあった蓋然性は、かなり高いというべきでしょう。その意味で、第三の解釈はけっして誤っていません。しかしながら、この解釈は、親鸞が悪の問題に重点を置いていなかったと説く点において、重大な問題を抱えています。以下に述べるように、『教行信証』の信巻の中で、親鸞は真正面から悪の問題に対峙しているからです。

親鸞は、『教行信証』の信巻において、父殺しという五逆の一つを犯したアジャセ王の物語、すなわち「王舎城の悲劇」を『涅槃経』から大部にわたって引用しています。親鸞は、五逆を犯すような大罪人がいかにすれば救われるのかという問題を自身の喫緊の課題として問うているのです。「王舎城の悲劇」とは、およそ次のようなものです。

かつて、北インドのマガダ国にビンバシャラという王がおりました。ビンバシャラは、后イダイケと仲睦まじく暮らしていましたが、残念なことになかなか跡継ぎの子どもが生まれませんでした。そこで、国中の占い師たちを呼び集めて占わせてみたところ、現在山の中で修行中のとある仙人が死ねば、イダイケはたちどころに身ごもるであろうとのことでした。ビンバシャラとイダイケはひたすら仙人が死ぬのを待っていました。しかし、相手は仙術を心得た仙人です。そう簡単には死ぬはずもありません。待ちあぐねたビンバシャラはとうとう手勢を仙人のもとに送って、彼を殺してしまいます。仙人が死ぬと占いどおりにイダイケは身ごもりました。ですが、仙人を殺害しての妊娠でしたので、イダイケには心穏やかでないものがあったのでしょう、彼女は再び国中の占い師を呼び集めて、生まれてくる子の将来を占わせます。すると、占いには「生まれてくる王子は長ずるに至って父を殺し王位を簒奪するであろう」と出ました。恐れおののいたイダイケはアジャセが生まれるとすぐに、彼を高殿から突き落としました。ところが、アジャセは指を一本折っただけで身体は無事でした。アジャセはすくすくと成長してゆきます。マガダ国の人々は、そんなアジャセを「未生《みしょう》怨《おん》」（生まれる前から怨みを懐く者）と呼びました。未生怨アジャセは、成人するに至って、事あるごとに父王ビンバシャラと対立するようになります。

そんなとき、釈尊のいとこであり、かねてから釈尊の教団を乗っ取ろうと画策していた極悪人ダイバダッタが、アジャセに接近してきます。アジャセは親しみを懐いてダイバダッタに接するようになります。ある日のこと、ダイバダッタは、アジャセに彼の指が一本折れている理由を教えます。生まれてくる前からの怨みを現実化したアジャセは、父王ビンバシャラを城中の一室に幽閉し、一切の飲食を断ちます。父王はほどなく死ぬはずでした。ところが、予期に反して彼はなかなか死にません。后イダイケが、全身に食物を塗りたくり、夜毎ビンバシャラのもとを訪れて食べ物を与えていたのです。これを知ったアジャセは激怒し、母イダイケをも監禁してしまいました。

かくして、父王ビンバシャラは、いよいよ死を迎えることになります。ところが、父王が死を迎えたとき、暴虐の人アジャセにもさすがに後悔の念が起こります。そのとき、アジャセの全身に瘡が生じます。瘡は日毎に膿んで、悪臭を放ちました。苦しむアジャセに向かって、六人の大臣たちが外道の思想を説き、アジャセの病を癒そうとしましたが、結局は無駄でした。大臣たちが去ったあと、名医ギバがアジャセのもとを訪れます。ギバは、アジャセの姿を見て、この病は浄飯王《じょうぼんおう》の子息でいまは覚りを得て釈迦如来と呼ばれている人物以外には癒しようがない、と語ります。そのとき、天から「今すぐに釈尊に会いに行け」ということばが聞こえてきて、アジャセはその場に倒れ伏しました。アジャセは釈尊のもとに行きます。彼の姿を見た釈尊は、「このアジャセの苦しみは、悪逆を犯すすべての人間の苦しみであり、この苦しみが除かれないかぎり、自分は涅槃の境地には入らない」と誓いました。釈尊は、さらに大光明を放ってアジャセを照らしました。その光の中でアジャセの瘡は癒え、彼は健康を取り戻しました。

　この膨大な物語を『教行信証』に引用した親鸞の意図は、アジャセのような五逆を犯す者であっても、みずからの悪行を悔悟するならばかならず救われることを示すことにあります。善導以後法然から親鸞へと至る法統の中でもっとも重視されてきたものは、『大無量寿経』にいう弥陀の第十八願です。それは、すでに述べたように、「一切衆生がわたしの国（お浄土）に生まれたいと望んで、たとえ十遍程度でも念仏を称えたならば、わたしは迎えとって捨てない」と誓うものでした。これによれば、万人が救われるはずです。ところが、じつはそこには例外規定がありました。「唯除五逆誹謗正法《ゆいじょごぎゃくひぼうしょうぼう》」というものです。すなわち、殺母、殺父、殺阿羅漢、出仏身血、破和合僧の五逆を犯す者と正当な仏法を誹謗する者とを除く、というのです。親鸞は、この例外規定に正面から挑み、例外規定があるにもかかわらず、それを犯した者もなお悔悟、あるいは懺悔をとおして救われると説いたのです。親鸞が徹底して悪の問題に関心を寄せ、それを生涯の課題としていたことは、もはや明白だと申せましょう。親鸞の主たる関心は悪の問題にはなかったと説く第三の解釈は、この点から見て、とうてい成立することが不可能だといわざるをえません。

第四の解釈は、歎異抄第十三条にいう「宿業《しゅくごう》」による悪という観念を第三条にまで敷衍してとらえたところに成り立つもののように見うけられます。歎異抄第十三条では、現世に悪が出来《しゅったい》するのは過去世の業《ごう》によるのであって、それを現世の人間的意志によって改変することはできないことが説かれます。そこでは、善行もまた宿業によるのであって、わたしたちが悪事を為さないでいるとしても、それはわたしたちの心が善だからではない、ただ単に悪を犯す業がないからだ、といわれます。ここには、悪でありうる可能性を帯びた者の悪をどうすべきかという主題が潜んでいるように見えます。第四の解釈の論者は、この第十三条の視点を第三条に持ち込んで、第三条の悪人正機説は、可能的悪を説くにすぎない、と論じているのでしょう。しかし、第十三条でいう悪とは、可能的悪ではありません。そこでは、宿業によって悪でありうる可能性を帯びた者が、いま実際に悪である事実をどうとらえるべきかが問われているのです。つまり、第十三条が問題にしている悪は、まさに現実的悪だと申せましょう。したがって、かりに第十三条にいう悪の問題が第三条に反映されていると仮定するにしても、第三条の悪人正機説で問題となっているのは、現実的悪だということになります。親鸞は、悪でありうる可能性を帯びた人間が、現在実際に悪である事実をいかにとらえるべきかを問うていることになるのです。となれば、第三条が可能的悪のみを説くとする第四の解釈は成立する余地がなくなります。

第五の解釈は、万人悪人説を親鸞思想の根柢に認める点において、大きな魅力を持ちます。人間は誰しも例外なしに悪人であるにもかかわらず、自分のことを善人だと考える者がいるとすれば、それはたしかに善人の皮を被った悪人でしょう。そこに顕在化する逆説性を鋭く衝く点で、この解釈は妥当なもののように見うけられます。しかしながら、親鸞自身の著述にも、あるいは親鸞関係の他の述作の中にも、「善人」とは悪人のことをさし、「悪人」とは善人のことをさすとする文脈は見当たりません。親鸞は、悪人が善人と解釈し直されて浄土へと往生することを求めたのではなく、悪人が実際に悪人であるがままに往生する可能性を追求したのでした。「自力作善の人は（中略）弥陀の本願にあらず」とあることからもあきらかなように、親鸞は、善人の往生を認めていません。その親鸞が、逆説的に善人正機を説いたと解釈することには、やはり無理があるといわざるをえません。第五の解釈も確たる根拠に基づいて成り立つものではないと申せましょう。

かくして、問題は振り出しに戻ったように見えます。わたしたちは、依然として、親鸞は破戒の論理を展開する破戒僧なのか否かという問題の前に立ち竦んでいるようです。どうしてこうなってしまうのでしょうか。それは、おそらく、わたしたちが親鸞のいう「悪」を倫理的・道徳的視点に限定してとらえているからではないでしょうか。悪といえば、即座に倫理・道徳の問題ととらえてしまう傾向がわたしたちにはあります。しかし、悪はじつは倫理的・道徳的なものだけにはかぎられません。病や障害などの自然的悪もあれば、生物の存在構造そのものにまつわる、いわば存在論的悪もあります。親鸞のいう悪とは、倫理的・道徳的悪を何らかの意味で超えているのではないでしょうか。わたしには、この超出面をよくよく見極めなければ、親鸞における悪の問題は解けないように思われます。そして、その超出面を見詰めるための手がかりは、じつは意外なところに潜んでいます。すなわち、わたしたちがこの現実を生きているという単純な事実が、手がかりとなるのです。

六　存在にまつわる悪

本願寺第三世法主覚如の書『口伝抄』第八条には、次のような興味深い挿話が語られています。鎌倉幕府第五代執権北条時頼《ほうじょうときより》が、まだ開寿《かいじゅ》と呼ばれていた九歳の少年のときのことでした。幕府の政務を取り仕切っていた開寿の父北条時氏《ときうじ》の命のもと、幕府では一切経の校合が行われ、いくたりかの僧が鎌倉に招かれました。僧の中には当時六十三歳だった親鸞も加えられていました。校合の仕事が一段落ついたとき、幕府側は僧たちに酒食の供応をしました。食べ物の中には鳥や魚の肉も含まれていました。それらを食べるとき僧たちの多くは身に着けていた袈裟を脱いだのですが、一人だけ例外がいました。親鸞です。彼は袈裟を着けたまま魚鳥の肉を食べたのです。この姿を見て不思議に思った開寿少年は、親鸞に「御坊はなぜ袈裟を脱がないのですか」と尋ねました。親鸞は微笑して答えません。開寿少年は何度も尋ねます。根負けした親鸞は、こう語ったそうです。「たまたま人間の身に生まれて、他の生き物の命を奪い肉味を貪るというようなことは、本来あってはならないことです。しかし、いまは末法、無戒の世であり、戒を保つ者も破る者もおりません。わたくしどものように法体をとっていても、その心は俗人と同じで、酒も飲めば肉も食します。しかし、どうせ食べるのならば、食べたものたちを袈裟の力によって解脱させてやりたいと念じて、袈裟を身に着けたまま食事をしているという次第です」と。

この挿話を事実と認めることは困難です。鎌倉幕府の正史『吾妻鏡《あづまかがみ》』には、北条時氏が執権として政務を執っていたという記録は見えませんし、また、一切経の校合の際には、親鸞はすでに京都に戻っていた可能性が高いからです。挿話は『口伝抄』の創作と見るべきなのかもしれません。しかし、「たまたま人間の身に生まれて、他の生き物の命を奪い肉味を貪るというようなことは、本来あってはならないことです」という発言は、いかにも親鸞がいいそうなことのように思われます。というのも、主著『教行信証』には、『涅槃経』から十数度にわたって、「一切衆生《いっさいしゅじょう》、悉有仏性《しつうぶっしょう》」という語が引用されているからです。「一切衆生、悉有仏性」とは、すべての生き物が仏になる性格を持っていることを意味します。そのように考えた場合、他の生き物を殺して食べるということは、その生き物の仏性を奪っていることになり、とんでもない行為といわざるをえません。親鸞は、そのような視点から、右の発言に及んだと見てもけっして誤りではないでしょう。じつは歎異抄には「仏性」という語は現われません。ただし、このことは、親鸞が仏性について無関心であったことを意味しているわけではありません。歎異抄は、異説・異義をただすことに主眼を置く書物です。仏性という概念には、おそらく、異説・異義を呼び起こす余地がなかったのでしょう。親鸞は、『教行信証』以外の自著の中でも、何度も仏性に言及しています。たとえば、『唯信抄文意《ゆいしんしょうもんい》』第七条では、「仏性すなはち如来なり。この如来微塵世界にみちみちたまへり。すなはち一切群生海の心なり」といっています。親鸞は、すべての生き物に仏性が宿るとする、いわゆる「如来蔵思想《にょらいぞう》」に立っていたといってもよいと思われます。

如来蔵思想とは、紀元前のインドに生まれた思想で、元来すべての動物に仏性が宿るとするものです。それが、中国・朝鮮を経て日本に伝わったとき、古神道（神祇信仰）の物活論的な霊魂観と出会い、大きく変容されます。古神道では、存在するすべての事物にタマと呼ばれる霊魂が宿ると考えられていました。たとえば、人間にはヒトダマが、土地（くに）にはクニダマが、木にはコダマが宿るというふうに、すべての存在者に霊魂が内在するとされていたのです。霊魂が宿るのは、存在する事物のみでありません。それは、口から出ることばにも宿ります。すなわち言霊（コトダマ）です。言霊は、ことばどおりの事柄を実現する霊力として、時に重んじられ、場合によっては怖れられていました。古来日本人の間で、堂々とことばを言い立てることとしての言挙（コトアゲ）が忌避される傾向にあったのは、言霊の力を怖れる考え方の現われではないかと思われます。かくして、古神道の霊魂観と出会った如来蔵思想は、すべての動物に仏性が内在するという思想から、動物のみならず植物をも含めたすべての生命体に仏性が宿るという思想へと変貌します。親鸞が「一切衆生、悉有仏性」と述べて如来蔵思想を披瀝するとき、彼が、生きとし生けるもののすべてに仏性が内在するという考えに立っていたことは疑えません。もし、生きとし生けるもののすべてに仏性が宿っているとすれば、人間が生きて在るということはいったいどのような意味を担うことになるでしょうか。

人間は生きるためには、他の生命体を殺して食べざるをえません。インド流の本来の如来蔵思想に依拠するかぎりでは、菜食主義の態度を採ることによって問題を回避することができます。ところが、右のように日本流に変容された如来蔵思想に立った場合、人間が生きるということは、他の仏性あるものの、その仏性を奪い去ってしまうことを意味します。それは、けっして価値的に無記な行為ではないし、ましてや善などではありえません。仏教的には根源悪ということになるでしょう。如来蔵思想に立って、人間が生きて在るという事実を見据えたとき、親鸞は、この「根源悪」を自覚したのです。わたしたちは、生きるために、何の罪も無い動物や植物の命を奪います。それが仏性を無みすることに直結している事実に親鸞は気づいたのです。そして、その気づきは、人間は生きているかぎりすべからく悪しきものであるという認識へと親鸞を導きました。生きるためには食べなければならない。しかし、その食べるということ自体がとてつもない悪性を孕んでいる事実に親鸞は思い至ったのでした。まさに、人間は在ることそれ自体において悪だと申せましょう。いいかえれば、存在にまつわる悪が人間を蔽っているのです。

こうした「存在にまつわる悪」を自覚する親鸞は、『唯信抄文意』第五条においてこう語っています。

屠《と》はよろづのいきたるものをころし、ほふるものなり。これはれうしといふものなり。沽《こ》はよろづのものをうりかうものなり。これはあき人なり。これらを下類といふなり。（中略）かやうのさまざまのものは、みないし・かわら・つぶてのごとくなるわれらなり。

親鸞によれば、他の仏性あるものたちを犠牲にして生きているわたしたちは、皆例外なしに「屠沽《とこ》の下類《げるい》」であることになります。「屠」とは漁師・猟師のことです。彼らは生き物を殺すわけですから、「下類」にほかなりません。そのような下類に等しいわたしたちは、石、瓦、礫のように価値なきものだ、と親鸞は断定します。親鸞が歎異抄第三条でいう悪とは、まず第一に、このように、わたしたちが生きて在るということ自体に関わる悪、すなわち「存在にまつわる悪」だったのです。

よくよく考えてみると、右に掲げた『唯信抄文意』には、不思議な言説が含まれているようです。すなわち、「沽」とは商人をさすわけですが、商人は、生き物を殺すわけではありません。彼らが他の仏性ある者たちを犠牲にしているとはいえません。にもかかわらず、親鸞は商人を悪人（下類）と見なします。ここには、食べること以外にも、人間は存在構造上の悪を伴っているという発想が顔を出しているように見うけられます。「沽」とは、辞書的にいえば、酒を売るものという意味です。しかし、親鸞はここでは「沽」をより広く商人一般の意味で使っています。いうまでもなく、商人とは商業に従事する人々です。商業、すなわち商行為はなぜ悪なのでしょうか。

突然奇妙なことをいいだすようですが、商人とは資本家でもあります。カール・マルクスによれば、資本とは本質的に搾取の構造を内含しており、資本家は労働者に対する搾取者としての一面を持っています。資本家は、まず金銭（G）を使用して商品（W）を購入もしくは生産し、さらにそれを売って金銭（G）に換えます。その際、最初の金銭と商品を売る際の金銭とが同額では意味をなしません。商品を売って得た金銭は、最初の金銭よりも増えてG＋gになっていなくてはなりません。では、そのgはどこから生まれるのでしょうか。マルクスによれば、それは労働時間のカラクリから生まれます。すなわち、労働者は、資本家に自分の労働力を売って生計を立てます。いまかりに、労働者が六千円で労働力を売ったと仮定しましょう。労働者が六千円分の生産を果たすのに六時間を要するとします。労働者が六時間労働し終えたとき、資本家は労働者が職場から引き上げて帰宅することを認めるでしょうか。けっして認めるはずはありません。それでは利潤が零になってしまう、つまりgが生まれないからです。資本家は労働者をさらに二時間、あるいは四時間程度働かせます。それによって、gつまり利潤が生まれるのです。この場合、労働者の二時間ないし四時間の労働は無賃労働です。マルクスは、この無賃労働が資本を増加させることになる、と指摘します。まさにマルクスのいうとおりでしょう。対価に見合った以上の労働こそが、資本家の利潤のもとになっているのです。資本家による商行為の根幹には、じつはこのような、カラクリめいた構造が存しています。もちろん、親鸞はマルクスよりもはるか昔を生きた人物ですから、マルクスの指摘を知る由もありません。しかし、親鸞は、商行為が人間にとって残酷な一面を持っていることを鋭く見抜いていたのではないでしょうか。

商行為の内実を説明するために、わざわざマルクスを持ち出す必要はなかったかもしれません。もっと単純に考えても、商行為には問題が含まれています。商行為とは、本質的に、できるだけ安く購入、もしくは生産した商品を可能なかぎり高く売る行為だからです。かりにサービスという奉仕的要素がそこに介在するとしても、利潤を優先することによって他者の人間性を多少なりとも傷つけるというその在りようには変化はないといえます。商品を売るために他の同業者を排除することもあるでしょう。親鸞は、こうした、商行為に含まれた「排除の構造」のうちに悪性を認め、「沽」を下類と見なしたのではないでしょうか。

他者を排除するのは猟師・漁師や商人だけでありません。生き物の殺害にかかわらず、商売もしない人々もまた、よくよく考えてみると排除の構造のただ中で生きています。たとえば、いまわたしが立っているこの場には他の誰も立つことができません。この講義を聴いておられる皆さんが座っておられる席には、他の誰も座ることができません。わたしは、他の多くの人々を排除していまここに立っているのであり、皆さんは他の多くの人々を排除してそこに座っておいでなのです。わたしは、大学教授の席をめぐって他の多くの研究者と争い、その争闘に勝ち抜いてここに立っています。皆さんは、入学試験で多数の受験生たちと争い、皆さんに何をしたわけでない（何の罪もない）彼ら・彼女らを排除して、いまその席に座っているのです。こう考えると、わたしたちは、例外なしに、排除の構造の中で生きており、そのかぎりにおいてどうしようもない悪人だと申せましょう。排除の構造に着目すれば、人間は皆悪しき者だといわざるをえません。かりにわたしが、他のいかなる人も排除しない、人間界の最弱者だと仮定しましょう。その場合にも、わたしは排除の構造を免れることができません。なぜなら、わたしは生きているからです。生きているということは他の動植物を殺して食べているということにほかなりません。それゆえ、たとえ最弱者であってもわたしは悪人なのです。

親鸞は、こうした排除の構造をじっと見据えていたのではなかったでしょうか。生きて在るということは、何らかの形で他者を排除していることだ、親鸞はそう認識していたのでしょう。したがって、歎異抄第三条でいう「悪人」の「悪」とは人間存在にまつわる根源悪の謂《い》いであったと断言しても誤りではないと思います。人間は生きて在るかぎり悪を免れない、その意味で万人は悪である、親鸞はそう見ていたのです。ですから、「善人なほもつて往生を遂ぐ。いはんや、悪人をや」といわれる場合の「善人」とはじつは架空の存在であり、そのような者は実際には世界の中のどこにもいないのです。そして、この場合の「悪人」とは、自身が存在構造上の悪を抱え込んだどうにもならない悪人であることを自覚し、それを深く慚愧している人間の謂いでありましょう。親鸞はいっているのです。「善人などこの世に在りえようはずもない。万が一そういう者がいるとすれば、たやすく往生することであろう。しかし、実際には、いわゆる善人とは悪人の自覚を持たない者だ。もしそういう者でも往生するとすれば、ましてや己れが悪であると自覚し、その自覚に苦しむ者が往生するのは当然ではないか」と。

わたしは、ここで、蜂屋賢喜代《はちやよしきよ》師の次のようなことばに注目したいと思います。師は『歎異抄講話《たんにしょうこうわ》』（成同社、一九三〇年）の中でこう述べています。

聖人の自覚に立つて考へますと、善人といふものを認めて居られなかつたのだらうと思ひます。所謂善人と称せられて居る者も、其内容に於て同一であり、其本性に於ては同質であり、むしろ自ら善人なりと思惟せる人は、却て自己の本性に冥い人であり、自己の真性に自覚なき人なのでありませう。（中略）それゆゑたとひ善人悪人といふ二つの名称があつても、実は悪人といふ一種類の人間しかないのであつて、其の中の悪の現行の少いものの名を、善人と呼んでいるに過ぎないのでありませう。

師の説くように、親鸞にとっては善人などという者は存在しえなかったのです。かりに善人を自称する者がいるとしても、その人は自己の本性を見定めていない人であり、無自覚な悪人にすぎない、と親鸞は考えていたのでしょう。そのような無自覚な悪人は、弥陀の本願の対象にはならない、歎異抄第三条において親鸞はそう語っていたのでした。では、わたしたち凡夫がどうしても免れえない悪とはいったいどこから生ずるものなのでしょうか。それは原因も何もない事態、ただ凡夫であることそのものに必然的に伴われる事態にすぎないのでしょうか。この問題を解く鍵は、どうやら歎異抄第十三条に潜んでいるようです。

七　宿業論

親鸞の時代には、弥陀の本願力によって守られているのだからどのような悪事を働いてもかまわない、と考える人々がいたようです。こうした人々のことを親鸞の門弟たちは「本願ぼこり」と呼んでいました。親鸞自身の著作には現われないことばですが、その「本願ぼこり」が往生しうるかどうかは、親鸞の門弟たちの間で大きな問題となっていたようです。歎異抄の筆者とおぼしい唯円の場合も同様で、彼は、同書第十三条で、悪人が往生する以上「本願ぼこり」もまた往生しうるという見解を披瀝しています。その際、唯円は、自身と師親鸞との間で交わされた次のような問答を紹介しています。すなわち、「弥陀の本願が不思議であられるからといって悪を怖れないのは本願ぼこりだから、そういう者は往生できないと説く向きがあるようだが、それは本願を疑い、善悪の宿業を心得ないからだ」と述べたあと、唯円はこう書いています。

善きこころのおこるも、宿善のもよほすゆゑなり。悪事の思はれ、せらるるも、悪業のはからふゆゑなり。故聖人の仰せには、「卯毛《うもう》・羊毛《ようもう》のさきにゐる塵ばかりもつくる罪の、宿業にあらずといふことなしと知るべし」とさふらひき。
また、ある時、「唯円房は、わが言ふことをば信ずるか」と仰せのさふらひしあひだ、「さん候ふ」と申し候ひしかば、「さらば、言はんこと違ふまじきか」と、かさねて仰せのさふらひしあひだ、慎んで領状申して候ひしかば、「たとへば、人千人殺してんや。しからば、往生は一定《いちじょう》すべし」と仰せ候ひし時、「仰せにては候へども、一人も、この身の器量にては、殺しつべしとも覚えず候ふ」と申して候ひしかば、「さては、いかに親鸞が言ふことを違ふまじきとは言ふぞ」と。「これにて知るべし。何事もこころにまかせたることならば、往生のために千人殺せと言はんに、すなはち殺すべし。しかれども、一人にてもかなひぬべき業縁なきによりて、害せざるなり。わがこころの善くて殺さぬにはあらず。また、害せじと思ふとも、百人・千人を殺すこともあるべし」と仰せのさふらひしかば、われらが、こころの善きをば善しと思ひ、悪しきことをば悪しと思ひて、願の不思議にてたすけ給ふといふことを知らざることを、仰せのさふらひしなり。

これによれば、親鸞は、どのような微小な罪であれ、宿業に拠らないものはないと述べたといいます。ここでいう罪とは悪のことでしょうから、親鸞の考えでは、すべての悪行は宿業に根ざすということになります。このことは、人間の心の善悪が行為の善悪には関わらないことを意味しています。善い心を持っているから善行ができ、悪い心を持っているから悪行に奔るということにはならないのです。「往生のために人を千人殺せ」と命ずる親鸞に向かって、唯円は、「自分の器量では千人はおろか、一人といえども殺せそうにありません」と応えます。親鸞は唯円のその発言を確認しつつ、唯円の中に巣くっている、自分は善き人間だから人殺しなどできない、という思いを鋭く見抜きます。そして、親鸞はいいます。「唯円よ、お前が人を殺せないのは、お前の心が善きものだからではないぞ。たとえ一人といえども殺すことができるような業縁（宿業）がないから殺せないだけだ。人間という者は、宿業さえ催せば、殺すまいと思っても百人・千人を殺してしまうものなのだ」と。

宿業とは何でしょうか。現代語への翻訳の難しい概念です。しいていうならば、過去世において定まった宿命とでも解さざるをえません。人間の存在構造にまつわる悪はこの宿命によってもたらされているというのが、親鸞の認識だったといえましょう。それは動かしえないものです。宿業が催すならば、殺すまいと思っても百人・千人もの人間を殺してしまうと親鸞はいいますが、しかしそのようなことが実際に起こりうるのでしょうか。二十一世紀の日本という平和な国に生きるわたしたちには、とうてい想像もできないことです。ですが、時代を七十年ほど遡ってみれば、親鸞のいうことが単なる仮想のお話ではないことが分かります。

わたしには、戦争体験のある伯父がおりました。伯父は六年前に九十四歳の天寿をまっとうしました。以下はその伯父から聞いた話です。一九四二年一月、陸軍歩兵部隊の機関銃小隊を率いていた伯父は、当時の英領ビルマ（現ミャンマー）に侵入しました。伯父たちの部隊（約十万）は、三月には首都ラングーンを陥落させ、北方へと退却する英・印軍を追及しました。三月下旬のことです。側面包囲という戦術を採る日本軍は、主力を敵の背後に置き、側面から予備隊を敵中に突入させました。突入部隊の先頭にいたのが、伯父の小隊でした。伯父たちは、ジャングルの間道を抜けた広闊地で敵の大部隊と遭遇しました。伯父たちが英・印軍を視認すると同時に、英・印軍の方も伯父たちの小隊を視野に入れました。英・印軍はただちに突撃態勢に入りました。その一瞬のことです。伯父は、部下たちに向かって散開を命ずるとともに、「てー」（撃て）と号令をかけました。突撃してくる英・印軍。機関銃を乱射する伯父の小隊。修羅の戦闘が一時間ほど続いたのち、急に辺りが静かになりました。伯父が銃撃中止の命令を出し、前方を凝視すると、そこには数百を超える英・印軍の屍が転がっていました。戦闘は伯父たちの勝利に帰したのです。お断りしておきますが、伯父はけっして殺人鬼ではありません。戦後は信州の山間部でリンゴを栽培しながら、物静かで、真面目な農夫として暮らしました。伯父は、英・印軍を憎んでいたわけでもなければ、殺してやろうと企んでいたわけでもありません。ただ、無我夢中で突撃してくる敵を迎え撃っただけです。この話は、「たとえ殺そうと思わなくても、業縁（宿業）が催せば、百人・千人を殺してしまうこともあるものだ」という親鸞の発言が現実性を伴うものであることを、如実に示しています。

わたしたちは、特段悪しき意図を持っていなくても、悪行をなしてしまうものなのです。それは、もはやわたしたちの意思の力を超えた事態だとしかいいようがありません。親鸞は、このことを念頭に置きながら、悪の根柢には宿業があると説いたのでありましょう。だとすれば、わたしたちの悪性ないし悪行は、因果必然的に決定されているものということになります。因果必然的に決定されている事柄については、わたしたちは責任を負う必要がないはずです。となれば、わたしたちは、何を為そうが、いかに在ろうが、一切、自己責任を問われなくてもよいといわざるをえません。これは悪を放置する考え方に直結するように見えるのですが、親鸞はどう考えていたのでしょうか。存在にまつわる悪の根拠が宿業に存するという親鸞の発想を知ったいま、わたしたちは、この問いに向き合わざるをえません。

歎異抄第十三条に関して留意すべきは、そこでの親鸞からの問いかけが唯円という一個の実存に向けられているということです。同様の逸話は『口伝抄』の第四条にも見えます。ところが、『口伝抄』の場合は、親鸞の問いかける対象が「ある一人」となっています。不特定多数の中の一人に向かって問いかけが為されているわけで、そこでは、問い自体が実存の根柢に関わっていません。歎異抄第十三条の場合、親鸞は、いわば実存を賭して問い、唯円もまた実存を賭けて応えているのだといえましょう。ならば、ここで親鸞が「わがこころの善くて殺さぬはあらず。また害せじと思ふとも百人・千人を殺すこともあるべし」と語るとき、彼は、人間一般の宿業について述べているのではなく、一人の「個」としての唯円に向かって、「唯円よ、お前の宿業はほかならぬお前自身の宿業なのだ」と述べていると解するべきでしょう。つまり、親鸞は、人間が皆意図せぬうちに百人・千人を殺してしまうような宿業を持っているといっているのではなく、そうした宿業は、唯円の実存にまつわりついて離れない、「個」的な業縁なのだといっていることになります。

なるほど、人間は、宿業一般については何らの責任も負う必要はないでしょう。宿業が一般的なものにすぎないかぎり、人間の行為はすべて因果必然性に支配されていることになりますから、それに対する道徳的・倫理的な責任は生じてこないと考えられます。ところが、親鸞のいう宿業とは、ほかならぬ親鸞自身の、あるいは、唯円自身の宿業なのです。いまこうして講義をしているわたしの宿業も、ほかの誰のものでもない、わたし自身に固有な宿業です。だとすれば、親鸞は親鸞の宿業に、唯円は唯円の宿業に、わたしはわたしの宿業について、それぞれ独自に責任を取らなくてはならないことになります。たしかに、宿業とは因果必然性をあらわすでしょう。しかし、その因果必然性は、人間が各自で担う因果必然性であり、そのいわば「各自性」のゆえに、わたしたちは道徳的・倫理的責任性のくびきを脱しえない、というのが親鸞の真意であったように思われます。

さて、以上に見てきましたように、親鸞にとって人間とはその存在そのものが悪性を帯びており、しかもそうした悪性は、宿業に雁字搦めに縛られているものでした。そうすると、わたしたち人間は、いかにしても悪から脱しえない存在者ということになってしまいます。悪を脱しえない者は、無力です。善へ向かう可能性を持たないがゆえに、わたしたちはすべからく無力であることになります。このようにいうと、あるいはこう反論する人がいるかもしれません。悪であるということは、悪を為しうる能力を持っていることを意味するのではないか、と。すなわち、人を騙し、人の所有物を奪い、果ては人を殺す能力を、悪人は持っているというのです。しかし、人を騙し、人の所有物を奪い、人を殺すことは「能力」なのでしょうか。能力とは、為すべきことを為しうる権能の謂いだとわたしは思います。その意味で、悪行を犯す者はまったく無能力な人間なのです。

要するに、わたしたちは、悪人として生きるかぎり、善に向かってまったく開かれていない情態にあり、これこそ無力さの端的な徴表にほかなりません。親鸞によれば、人間は、その存在の構造上例外なしに悪しき者でした。くどいようですが、悪しき者は無力です。すると、わたしたち人間は、自分の力で「信」を持つことができないということになります。主著『教行信証』における「信」巻の比重の大きさから見ても、あるいは、歎異抄第一条に「弥陀の本願には、老少・善悪《ぜんまく》の人をえらばれず。ただ、信心を要とすと知るべし」とあることから見ても、親鸞においては、「信」すなわち信心の問題がもっとも肝要であったことは疑えません。自分の力で信心を持つことができない者が、いったいどうして信心の境位に達することができるというのでしょうか。わたしたちは、親鸞における「信」がどのような構造を取るのかを真剣に考えてみるべき段階に立ち至ったようです。

親鸞における「信」について考えることは、わたしたちが透き通るように明るい世界へと這い出すことを意味しています。親鸞の悪の思想をめぐるこれまでの考察は、わたしたちを暗い闇の中に閉ざすものでした。生きて在ること自体が悪であり、しかもその悪は宿業という名の因果必然性によって決定されているという考え方は、わたしたちには何の希望もないことを指し示しているように思えます。たしかに、親鸞の悪の思想は、わたしたちを深刻な苦渋の中に陥らせます。ところが、信心をめぐる親鸞の一連の思想は、一転してわたしたちを希望に満ちた未来へと運んでくれます。生きて在ること自体が悪ならば、わたしたちは自殺する以外に善行を行う可能性を持たないように見えます。しかし、わたしたちは死ななくてもよいのです。親鸞は信心が「他力」の世界の中で開かれることをあきらかにすることによって、わたしたちを、暗澹たる絶望の情態から、希望の世界へと引き上げてくれるのです。

第三章 「信」の構造

一 宗教的実存と「信」

親鸞にとって「信」すなわち信心とはつまるところいかなる事態なのか、それを探るのがわたしたちの目下の課題です。そのためには、当然、『教行信証』や歎異抄の文脈を追って行かなければなりません。しかし、その前にまず西欧古代末期の宗教思想家アウグスティヌスを取り上げ、彼において「信」すなわち信仰（fides）がどのような構造をとるのかをあきらかにしておきたいと思います。親鸞と同様にアウグスティヌスも一個の宗教的実存であり、彼の信仰の在りようを追尋することは、親鸞理解に資するところ大だと考えられるからです。

アウグスティヌスにとって信仰とはどのような事態であったのか、それを端的に表明するのは、彼が自己の半生を綴った書『告白』(*Confessiones*)です。『告白』によれば、アウグスティヌスは、紀元三五四年に帝政ローマ領北アフリカのヌミディア州タガステに生まれました。母はモニカという名の敬虔なキリスト教徒でした。父は富裕な地主でしたが、異教徒でした。この場合、異教徒とはキリスト教に回心してのちのアウグスティヌスが、過去を振返ってそのように名づけた呼称であり、宗教的な意味でのレベルの低さを示すものでないと思います。父親は、古代ローマの伝統的な宗教を信じていたのでしょう。アウグスティヌスに母モニカの感化が及んだ形跡はほとんどありません。彼は、異教徒の地主の子として何不自由なく成長し、やがて、放蕩の青年期を迎えます。『告白』によれば、アウグスティヌスは、絶対に許されえない二つの罪を犯したのです。

一つは十六歳のときのことでした。アウグスティヌスは友人たちとかたらって、近隣の農園から梨の実を大量に盗み出します。アウグスティヌスは、これを許されざる大罪と見なします。というのも、貧困ゆえに空腹にさいなまれての窃盗行為であったならば、許される余地がありますが、アウグスティヌスと彼の友人たちは恵まれた環境にあり、飢えていたわけでもなければ渇いていたわけでもなかったからです。すなわち、アウグスティヌスたちは、盗むことのスリルを求めて梨泥棒をはたらいたのです。たしかに、これは犯罪行為であり、神の理法はもちろんのこと、世俗の道徳から見ても許されません。ですが、これは生涯にわたって負い目としなければならないような大罪でしょうか。青春特有のほんの小さないたずらと考えてもよいような気がするのですが、さて、いかがなものでしょうか。

二つ目は、梨泥棒をはたらいた翌年に、正式の結婚を許されない身分の女性と同棲生活に入ったことです。アウグスティヌスは、その女性との間に、アデオダートゥスという子どもまでもうけています。彼が、女性との間で肉欲に溺れたことは事実です。しかし、アウグスティヌスは、その女性と十数年間同棲し続け、その間けっして彼女を裏切ることはありませんでした。十年以上にもわたる純粋な愛を大罪と見なすのは、いささか行き過ぎではないでしょうか。現在、アウグスティヌスという宗教思想家は、放蕩三昧の生活からキリスト教へと回心した人物として、一般に広く認知されています。ですが、その放蕩の実態は、ここに取り上げた二つの行動に尽きるわけで、それらを許されざる悪行と見なすことが妥当かどうか、ほんとうのところは大いに疑問だといわざるをえません。アウグスティヌスは、実際にはかなり生真面目な人間で、放蕩とは無縁ではないにしろ、それに浸りきった人物とまではいえないように思います。

その生真面目なアウグスティヌスは、十九歳のころに当時の新興宗教マニ教に入信しました。なぜ母の信じていたキリスト教ではだめだったのでしょうか。じつは、当時のキリスト教はまだ土俗的な様相を色濃く宿した宗教で、マニ教の有する論理性に十分に対抗できなかったのです。当時の若者たちはマニ教に惹かれました。アウグスティヌスも例外ではありませんでした。彼は、キリスト教に内含された神義論の問題にマニ教が明快な解答を与えていることに注目したのではないかと思われます。マニ教とは紀元三世紀ころにペルシア人マニによって創始された宗教で、ゾロアスター教に由来する善悪二元論を説いていました。この世界は、光と称すべき善の原理と闇と呼ぶべき悪の原理の二つから構成されているというのです。つまり、マニ教は最初からこの世に悪が実在することを認めていました。

これに対して、当時のキリスト教、すなわちカトリック教会は、悪の実在性を容認することができないでいました。なぜなら、カトリック教会にとって、神は、唯一、絶対、全知、全能にして、最高に善なる存在にほかならなかったからです。カトリック教会は、最善なる神がこの世界（宇宙）を創造したと考えます。そうすると、最善なる神が創造した世界は、当然ながら最善なるものですから、そこには悪などありえないことになります。ところが、この世界の中には実際には悪が実在します。これは、カトリック教会が、いわば宿命的に抱え込んだ矛盾です。マニ教はこの矛盾を鋭く衝いたのです。すなわち、マニ教はみずからは旧約聖書の『創世記』をユダヤの悪魔の書として否認する立場に立ちながら（これは、神による世界創造という考えを全面否定することを意味しています）、カトリック教会に対して、「悪はどこから来るのか」（unde malum est?）と問いました。カトリック教会はこの問いに対してまともに答えることができませんでした。神義論の問題が、厳然としてカトリック教会の前に立ちふさがったのです。アウグスティヌスは、こうした思想的事態に直面することによって、みずから積極的にマニ教を選んだものと思われます。

ところが、こうしてマニ教を選択したアウグスティヌスには、魂の救済に関してどうにも解きようのない問題が降りかかってきました。マニ教では、善すなわち光とは人間の精神的部分であり、悪すなわち闇とは人間の肉体的な側面であると説かれていたのです。マニ教の教義に従うかぎり、肉体的な側面に拘泥する人間は魂の救いを得ることはありえません。精神的な側面、いいかえれば光の中に生きる人間のみが救われるのです。アウグスティヌスは、先ほど述べたように、一人の女性と同棲生活を送っていました。同棲生活の中で、彼はしばしば肉欲の虜となったことでしょう。そういう自分の姿を見詰めてみると、マニ教に依拠するかぎりけっして救われえない人間ということになります。アウグスティヌスは悩みました。女性を捨てるという選択もありえたでしょう。しかし、誠実な彼は女性と絶縁しようとはせず、彼女を愛し続けました。当然ながら、愛すれば愛するほどに悩みは深まります。

そうした苦悩にとらわれていたころ、二十九歳になったアウグスティヌスは、弁論術教師として、ミラノに赴任しました。そして、その翌年、ミラノの街頭で、彼は、キリスト教の司教アンブロシウスの説教を聴きます。アンブロシウスは、人間は肉体を備えたままでその魂を神によって救われると説いていました。アウグスティヌスは深い安堵を覚えます。自分のような肉欲を抱え込んだ者も、救いに与かる可能性があるのではないかという思いを持ったのです。彼は次第にキリスト教に接近してゆきます。しかし、しばらくの間はマニ教を捨ててキリスト教へと改宗する決意は定まりませんでした。

そんなある日、キリスト教の聖書を傍らに置いて、自宅の庭で日向ぼっこをしながら、何気なく近所の子どもたちの遊ぶ声に耳を傾けていたときのことでした。突然、子どもたちの声が、「取れ、読め」といっているように聞こえたのです。胸を衝かれたアウグスティヌスは、傍らの聖書を手にとって、貪るように読み始めました。そして、そこに書かれている事柄に深く感銘を受けた彼は、即座にキリスト教への入信を決意しました。その翌年、三十二歳になったアウグスティヌスは、復活祭の前日、アンブロシウスのもとでキリスト教の洗礼を受けます。以後彼は、ひたぶるに聖職者の道を歩みます。三八八年に、故郷ダガステに帰り修道生活を開始、三九一年にはヒッポ・レギウスの司祭となり、三九六年には司教となりました。やがて大司教となり、四三〇年、ヒッポ・レギウスの町が蛮族バンダル族に包囲されているさなかに、七十六年の生涯を終えます。なお、彼が『告白』を書いたのは、四〇〇年のことでした。

以上にご紹介したアウグスティヌスの回心の過程に関して注目すべきは、回心へと至る最終的な契機が、キリスト教に入信したいという自己の強烈な意志ではなく、子どもたちの遊び声であった点です。それは、神から与えられた啓示のようなものだったといっても誤りではないと思います。アウグスティヌスは、いわば、自力によってではなく他力によって、神への信仰を得たのだといえましょう。もとより、「他力」という概念がキリスト教にあるわけではありません。しかし、アウグスティヌスが、信仰に関して一般に考えられるような思想構造を放棄していることは事実でしょう。一般的な思想構造とは、まず「我」があって、それが主体となって対象としての神を信仰するというものです。アウグスティヌスは、あきらかにこうした思想構造とは別の観点に立って、信仰というものをとらえています。このことは、『告白』第一巻冒頭部を読むことによってあきらかになります。そこにおいて、アウグスティヌスは次のように述べています。

主よ、あなたは偉大であり、誠に讃えられるべきでいらっしゃる。あなたの力は偉大で、あなたの知恵ははかりしれない。あなたの被造物の一つの部分である人間は、あなたを讃えようと望む。人間は、可死性を身に帯び、みずからの罪の徴と、あなたが傲慢な者どもを斥けたまうことの徴とを担っている。しかし、あなたの被造物の一つの部分である人間は、あなたを讃えようと望む。あなたは、わたしたちを喜んであなたを讃えるように駆り立てたまう。それは、あなたが、わたしたちをあなたに向けてお造りになったからだ。わたしたちの心は、あなたのうちにやすらうまでは、けっして落ち着くことがない。

アウグスティヌスによれば、神の被造物である人間は、神を讃えることを望みます。その望みは、人間が主体的に持つものではなく、神から差し向けられて懐くようになるものだ、とアウグスティヌスはいいます。神を讃えることを望むのは、神のふところに掻き抱かれることを信じているから、つまり神を信仰しているからです。ならば、その信仰は、人間の側が、つまり「我」が自力の意志によって持つものではなく、神から与えられるものということになります。神は、人間を神自身に向かうように造りたもうた、ということです。このことを、右の引用部分に続く箇所で、アウグスティヌスは、次のようにいいあらわしています。

主よ、わたしの信仰はあなたを呼び求める。その信仰は、あなたがわたしにお与えくださったものであり、あなたの御子の人性（humanitas）を通じて、あるいはあなたの宣教師の奉仕を介して、あなたがわたしに注ぎ込まれたものだ。

ここで、アウグスティヌスは、はっきりと断言しています。信仰とは神から与えられるもの、つまり他力によるものだ、と。より具体的にいえば、信仰は、神の一人子イエス・キリストの人間としての側面（人性）を媒介として、あるいは、パウロの自己放棄的な奉仕を仲介として、神から人間に注入されたものにほかならない、ということです。アウグスティヌスは、キリスト教という宗教をとおして、己れ自身が「いま」「ここ」（即今）に在るということを見詰めた人物、すなわち宗教的実存にほかならないといってよいでしょう。だとすれば、宗教的実存とは、「信」が他力に根ざすものであることを確然と自覚する魂であるということになります。アウグスティヌスと同様の意味で宗教的実存であった親鸞も、「信」に関しては、一般的な思考回路を廃棄しています。すなわち、親鸞もまた、まず信じる主体としての「我」があって、それが対象としての弥陀に向かうとは考えません。「信」の世界においては、いつもすでに超越者、あるいは絶対者が先在し、それが人間を「信」に向けていざなう。親鸞は、そう考えていました。このことは、親鸞において従来の回向観が完全に転倒されていること、あるいは、彼が「如来より賜はりたる信心」と語ることなどに着目することによって、明確になってきます。

二　他力の信心

『大無量寿経《だいむりょうじゅきょう》』には、法蔵菩薩の四十八願のうちの第十八願について、それが成就されたことを示す一文、すなわち「本願成就文《ほんがんじょうじゅぶん》」が載せられています。それは、「あらゆる衆生、その名号を聞きて、信心歓喜してないし一念、至心に回向して、かの国に生まれんと願はば、すなわち往生することを得て、不退転に住せん」というものです。すべての人が阿弥陀仏の名号を聞いて、喜びとともに信心して一度でも仏を念じ、心の底から回向して、あの極楽浄土に生まれたいと願うならば、彼らは、ただちに往生することができて、まったく退くことのない位に安住することになろう、という意味です。ここでは、回向は、人間の側が主体的に為すものととらえられています。回向とは、元来、自分が自力で積んだ善徳を他者に振り向けて相ともどもに仏果《ぶっか》を得ることをさします。したがって、右の本願成就文では、回向は自力の善行ととらえられていることになります。これは、信心の主体を「我」に置く自力の回向観といえましょう。

ところが、親鸞は、『教行信証』信巻において、この本願成就文を次のように読み替え、従来の回向観を根本から転倒させます。親鸞はこう読んでいます。「あらゆる衆生、その名号を聞きて、信心歓喜せんことないし一念せん。至心に回向せしめたまへり。かの国に生まれんと願ずればすなはち往生を得。不退転に住せん」と。すべての人は阿弥陀仏の名を聞いて、よろこびとともに信心して、たとえ一度でも仏を念ずるであろう、阿弥陀仏がすべての人を心の底から回向させておいでなのだ、阿弥陀仏が回向させたもうた人々が極楽浄土に生まれたいと願うならば、彼らはただちに往生することができる、そして、退くことのない位に安住することになろう、という意味です。本来の本願成就文には「至心に回向して」とあったのを、親鸞は「至心に回向せしめたまへり」と訓《よ》んでいます。これは、漢文の訓みとしては、あきらかに無理があり、強引な読み替えといわざるをえません。しかし、親鸞は「信」に関する自己の思索に忠実であるかぎり、どうしてもそう読み替えなければならなかったのです。親鸞は、弥陀の導きによって、わたしたちは回向させられているのだと考えています。つまり、彼にとって回向は受動的にわたしたちが行わしめられる行為だったのです。なぜ回向が受動的行為でなければならないのかというと、それは、親鸞が信心に関して、一切の自力を排しているからです。信心は、人間の側が自力で持つものではない、それは、あくまでも弥陀から与えられて懐くに至るものだ、と親鸞は考えていました。このことを、親鸞関係の文書の中でもっとも端的に示すのが、以下に掲げる歎異抄第六条です。

一、「専修念仏のともがらの、わが弟子、ひとの弟子といふ相論《そうろん》のさふらふらんこと、もつてのほかの子細《しさい》なり。親鸞は弟子一人《いちにん》も持たず候ふ。

そのゆゑは、わがはからひにて、ひとに念仏を申させさふらはばこそ、弟子にてもさふらはめ、弥陀の御もよほしにあづかつて、念仏申しさふらふ人を、わが弟子と申すこと、きはめたる荒涼のことなり。

つくべき縁あればともなひ、離るべき縁あれば離るることのあるをも、師をそむきて、ひとにつれて念仏すれば、往生すべからざるものなりなんど言ふこと、不可説なり。如来より賜はりたる信心を、わがもの顔に取り返さんと申すにや。かへすがへすもあるべからざることなり。自然《じねん》の理にあひかなはば、仏恩をも知り、また、師の恩をも知るべきなり」と云々。

著者唯円によれば、親鸞は門弟たちの間の弟子争いを戒めて、こう語ったとのことです。「弥陀の本願に帰依しもっぱら念仏につとめる人々の間で、これは自分の弟子だ、あれは人の弟子だ、というような争いがあるそうですが、とんでもないことです。このわたし親鸞には弟子など一人もおりません。なぜかといえば、自分のはからいで人に念仏をとなえさせたのであれば、たしかにその人は自分の弟子かもしれませんが、衆生を摂め取って捨てないという阿弥陀様のお誓いに与かって念仏申している人について、その人を自分の弟子だなどということは、身の程をわきまえないぶしつけな振舞いというものです。一緒になるべき縁があれば相伴うものでしょうし、離れるべき縁があれば互いに離れるものです。それなのに、いまの師に背いて、別の師に付いて念仏すれば往生できないなどといったりすることは、けっしてあってはならないことです。そんなことをいう人は、阿弥陀様から頂戴した信心をまるで自分のものででもあったかのように、取り返そうとでもするのでしょうか。断じてあってはならないことです。阿弥陀様にすべてをお任せする『自然の理』に適ってさえいれば、おのずからに仏恩を理解できますし、師の恩を知ることになるものです」と。

歎異抄のこの一節には、にわかには理解できない問題が含まれています。それは、親鸞が、「親鸞は弟子一人も持たず候ふ」といっていることです。親鸞は、『教行信証』行巻所載の「正信偈《しょうしんげ》」の中で、龍樹、世親、曇鸞、道綽、善導、源信、法然という浄土七高僧の法統を強調していますし、また、歎異抄第二条によれば、弥陀から釈尊へ、釈尊から善導へ、善導から法然を経て自分へとつながる浄土教の法統をあらわにしつつ、その法統の中で真理が守られていると述べたとされています。親鸞は、他力浄土門、すなわち専修念仏の教えを奉ずる人々の間に厳然たる師弟関係があることを認めていたといわざるをえません。親鸞は、さらに、自分と関東の門弟たちの間に師弟関係が存在することも承認していました。それは、晩年に京都に帰った彼から関東の門弟たちに送られた書状が、「師」としての立場から「弟子たち」を諭すものであることから、はっきりと分かります。にもかかわらず、親鸞が自分には弟子など一人もいないというのはなぜなのでしょうか。

親鸞は、現実問題としては、浄土教における師弟関係の存在を認めています。「弥陀助けたまへ」と心の底から念じて「南無阿弥陀仏」と称えればお浄土へ往くことが定まるということ、このことを誰かに教わらなければ、人は救われる可能性を持ちえません。そのことを親鸞は、明確に認識していたことでしょう。にもかかわらず、彼が自分には弟子は一人もいないと断言するのは、念仏における「信」を理念的な視点から見詰めるがゆえではないでしょうか。つまり、理念的には、念仏を称える人は、導師を媒介として称えているのではなく、直接弥陀に導かれて念仏しているのだ、と親鸞は考えるのです。その場合の念仏者の「信」とは、まさに「如来より賜はりたる信心」であって、弥陀以外の何ものをも介在させていません。念仏者は、一人ひとり独自に弥陀と直接向き合っているのであって、その信心は弥陀から直《じか》に与えられているのです。

親鸞のこうした考え方を如実に示すのが、歎異抄後序に語られた、「信心の同一性」をめぐる逸話です。歎異抄後序は、その冒頭部で、次のように語っています。

故聖人の御ものがたりに、法然聖人の御時、御弟子その数おはしけるなかに、同じく御信心の人も少なくおはしけるにこそ、親鸞・御同朋の御なかにして、御相論のことさふらひけり。そのゆゑは、「善信が信心も、聖人の御信心も、ひとつなり」と仰せのさふらひければ、誓観房《せいかんぼう》・念仏房《ねんぶつぼう》なんど申す御同朋達、もつてのほかに争ひ給ひて、「いかでか、聖人の御信心に、善信房《ぜんしんぼう》の信心、ひとつにはあるべきぞ」とさふらひければ、「聖人の御智慧・才覚ひろくおはしますに、ひとつならんと申さばこそひがごとならめ、往生の信心においては、全く、異なる事なし、ただひとつなり」と御返答ありけれども、なほ、「いかでか、その義あらん」といふ疑難ありければ、詮ずるところ、聖人の御前にて、自・他の是・非を定むべきにて、この子細《しさい》を申し上げければ、法然聖人の仰せには、「源空《げんくう》が信心も、如来よりたまはりたる信心なり。善信房の信心も、如来よりたまはらせ給ひたる信心なり。されば、ただひとつなり。別の信心にておはしまさん人は、源空が参らんずる浄土へはよも参らせ給ひ候はじ」と仰せ候ひしかば、当時の一向専修《いっこうせんじゅ》の人々のなかにも、親鸞の御信心にひとつならぬ御こともさふらふらんとおぼえ候ふ。

これによれば、法然在世のころのある日、親鸞と誓（勢）観房および念仏房との間で信心をめぐって議論が起こったことがあったといいます。親鸞が、自分（善信）の信心も法然聖人の信心も同一である、といったのに対して、誓観房たちは、そんなばかなことがあるか、と反論したのです。親鸞はいいました。智慧や才覚の点では、自分は法然聖人にはるかに及ばないけれども、信心に関しては同一である、と。しかし、誓観房たちは納得しません。そこで、法然聖人直々の裁定を仰ごうということになり、事のいきさつを伝えたところ、法然は、次のようにいったそうです。「わたしの信心は弥陀より直接頂戴している信心である。善信房の信心も弥陀から直接頂戴しておられる信心である。したがって、同一である。別の信心をお持ちの向きは、この源空が参上するお浄土へいらっしゃることはありえまい」と。

この逸話は、信心を弥陀から直接付与されたものとする考え方が、法然に由来するものであることを如実に告げています。親鸞は師説を忠実に守り、信心の受動性を徹底的に強調しているといえます。そして、その受動性は、念仏者が各自一人で弥陀に向き合うことによって確定されるものだ、と親鸞は考えています。わたしたちは、横並びに並んで、皆で弥陀に向き合うのではなく、たった一人で、いわば「単独者」として弥陀に対向《たいこう》するのです。その単独者としての「我」が、弥陀の導きによって弥陀を信じ、念仏を称える方向へと運ばれるというのが、信心の問題をめぐる親鸞の基本的認識でした。繰り返し強調するならば、親鸞における「信」とは、「我」が主体となって弥陀を対象化するものではなく、弥陀が主体となって、「我」の根柢（心の奥底）に染み込むものであったといえましょう。弥陀は、単独者としての「我」の内面に密やかに入り込むのであって、皆を一斉に導くわけではない、と親鸞は考えていたと見るべきでしょう。そう解釈すると、ここに一点、大きな疑問が湧いてきます。親鸞は、「我」の信心のみを問題にし、「同朋《どうぼう》」あるいは「同行《どうぎょう》」という視点に立って、信心における他者との共同性を模索しようとはしなかったのか、という疑問がそれです。

三　同朋意識

本願寺第八世法主蓮如（一四一五〜一四九九）は、平座《ひらざ》で門徒たちに向き合ったと伝えられています。平座とは、同じ高さに座して人と対面することを意味しています。蓮如は、一段高い座から門徒たちを見下ろす形を避け、あくまでも対等な者として門徒に接する途を選んだのです。それは、長期にわたる部屋住み時代に親鸞の著述を徹底して研究し尽くした蓮如が、親鸞から学んだ姿勢であったと考えられます。蓮如は、信心の同一性ということが保証されるかぎり、法主も門徒も人間として対等であるという認識に立ったのでしょう。彼にとって、門徒は、自分が教え導く対象というよりもむしろ同格の友、すなわち同朋であったと申せましょう。

親鸞は、あきらかに蓮如の先駆者でした。彼は、弥陀から信心が与えられる瞬間において念仏者はそれぞれ単独者であるけれども、しかし、その信心が同一であるかぎり、すべての念仏者は対等な友であると考えたのでした。親鸞の内面には、確然として同朋・同行の意識が定位されていたというべきでしょう。親鸞の生き方は、そのことを端的に示しています。彼は、生涯寺を持ちませんでした。常陸国稲田郷在住時代は草庵に起居していましたし、晩年に京の都に戻ってからは、寄宿先を転々とする生活を送っていました。彼は、関東で一万人近い門徒を得たのですが、その門徒たちを教団に組織する意図を持たなかったようです。

そこには、承元の法難以後、自分は「非僧非俗」になったという意識が絡んでいたのかもしれません。俗人ではないが、かといってもはや僧でもない自分が寺を持つことなど笑止である、という思いもあったことでしょう。しかし、それよりも親鸞にとって重要なことは、浄土宗の門徒、すなわち専修念仏《せんじゅねんぶつ》の人々と対等に在るということ、共に在るということでした。『末燈抄』などの書簡を読むと、晩年の親鸞は関東の門弟たちからいくばくかの志納金を受け取っていることが分かります。これは、親鸞さえその気になれば、京都に寺を構えることも不可能ではなかったことを示唆しています。それにもかかわらず、親鸞がけっして寺を構えようとしなかったのは、門弟や門徒を自分の弟子とは見なさなかったからでしょう。彼にとって、門弟や門徒は、あくまでも同朋・同行だったのです。

先ほど、わたしは、親鸞は現実問題としては師弟関係を認めていたといいました。そのとおりだと思います。弥陀の教えを噛み砕いて教える師がいなければ、一般の人々は何を信じていいのかまったく分からないでしょう。師の存在こそ、専修念仏の教えとそれに根ざした「信」を成り立たせる現実的な根拠となるのです。ですが、親鸞は、その師弟関係をあくまでも一時的なものととらえていました。師の教えを耳にして弥陀から信心を与えられた者は、それを与えられた瞬間に師の弟子ではなく、同朋・同行となる。親鸞はそう考えていたのです。親鸞の同朋・同行意識は、巌のように確固としてまったく動じるところがなかったといっても過言ではないでしょう。

人は、みずからを正義と見なし、その正義の高みから、不義なる他者を糾弾することを好むものです。ともすれば不義に奔りがちなわたしのような凡愚は、正義の人から面と向かって指弾されることがままあります。たとえば、歩行中についうっかりポケットから紙くずを落としてしまい、うしろから来た中年男性に怒鳴りつけられたこともありますし、また、大学で授業終了後に授業中に語った軽い冗談が不謹慎であるとして、学生から糾弾されたこともあります。そのたびにわたしは思うのです。わたしの言動が良からぬものであるとしても、何もそこまで高みに立って、高飛車に正義をふりかざさなくてもよいではないか、と。このようにいえば、引かれ者の小唄のように聞こえるかもしれません。しかし、他人を不義として責める前に自分自身の正義の絶対性を疑ってみる必要があるように、わたしは思うのです。昨今の若者は「上から目線」という表現を使うようですが、まさに上から目線で他人の不義を糾弾する態度に、どこかしら不穏なものを感じるのはわたし一人でしょうか。わたしたちは、己れを正義の立場に置いて、他人の不義をなじる前に、己れの正義がそんなにも素晴らしいものなのかどうかを、よくよく考えてみるべきだ、とわたしは思います。日中戦争やアジア・太平洋戦争が「正義」の名のもとに遂行されたことを、思い起こしてみてもよいのではないでしょうか。

親鸞は、己れの正義を振りかざし、他者を論難することを嫌った思想家でした。主著『教行信証』は、師法然を批判した貞慶の『興福寺奏状』や明恵の『摧邪輪』に対する反論の書として物された側面があることは、周知のとおりです。しかし、親鸞は、『教行信証』の中に、貞慶や明恵の名を挙げません。たとえば、浄土への往生を願うことが菩提心であることを強調する文脈は、法然に菩提心がなく、菩提心なき者は仏者にあらずと批判した明恵への反論ですが、親鸞はその反論の中で、けっして明恵を名ざししようとはしません。なぜ親鸞は名ざしして反論することを避けたのでしょうか。それは、おそらく、親鸞には己れを絶対的正義と見なす視点がなかったからです。強烈な罪業意識の持ち主であった彼は、一人己れのみが正しいという姿勢を取ることができなかったものと思われます。

親鸞は同朋・同行として彼の門弟や門徒を愛しました。その愛、仏教的にいえば慈悲は、宗派を異にするとはいえ、同じ仏教徒である貞慶や明恵にも差し向けられていたのではなかったでしょうか。そう考えると、親鸞の同朋意識・同行意識は、わたしたちが想像するよりもずっと広い視野に支えられていたことになるでしょう。前章で説いたように、親鸞は万人悪人説に立っていたと推察されます。しかし、このことは、彼が人間の悪性を忌み嫌い、それを暴き立てようとしていたことを意味するわけではないようです。親鸞は、どうにもならないわたしたち悪人に対して、広大な慈悲を投げかけていたものと思われます。

そうすると、この講義の冒頭で取り上げた、「わかっちゃいるけどやめられない」人間のみじめさに対する親鸞の眼差しがくっきりと浮かび上がってきます。「わかっちゃいるけどやめられない」人間とは、一部の道義的にだらしのない人間をさすわけではありません。万人悪人説に立つ親鸞によれば、それは、わたしたち人間一般ということになります。わたしたちは、他の仏性ある生き物を殺してはいけないということを十分に理解しています。しかし、自分が生きたい一心で、どうしても殺すことをやめられないのです。そんなわたしたちを、親鸞は同朋・同行と見て、慈しんでくれます。誰しもがよく知っているように、親鸞は肉食妻帯をしていました。ほかならぬ彼自身が「わかっちゃいるけどやめられない」人だったのです。親鸞は、自分と同様に、己れの悪性を自覚しそれに苦しみながら生きている人々を、暖かい眼差しで包んでいたといえましょう。

親鸞は、『教行信証』信巻の中で、「二種深信《にしゅじんしん》」ということをいいます。それは、一つには、自分は永遠の昔から生死の海に沈んでいる罪悪深重の凡夫であると信ずることであり、もう一つには、阿弥陀仏は四十八願を実現して罪悪深重の凡夫を必ず救ってくださると信じることです。わたしたち、「わかっちゃいるけどやめられない」人間は、己れが罪深い悪人であると知りながら、そんな自分が弥陀の摂取不捨の願の対象となることを固く信じています。親鸞によれば、このようなわたしたちこそが、往生への途を歩んでいるのであり、いわば信心の世界に生きているのです。二種深信をとおして信心の世界に生きる者は、すべて同朋・同行であると親鸞は考えます。信心は、わたしたち各自の内面で密やかに成り行くものですが、それを同一のものとして共有することにおいて、わたしたちは皆仲間なのだというのが、親鸞の真意であったと申せましょう。

くどいようですが、自己の根柢に蠢く悪性ゆえに無力でしかないわたしたちは、自分の力で主体的かつ能動的に信心を持つことはできません。わたしたちは、弥陀に導かれ、他力によって信心を獲得してゆくのです。わたしたちの信心は徹底して受動的なものだ、というべきでしょう。だとすれば、わたしたちは自力では何もできないことになります。自力で何もできないわたしたちは、ただ手をこまねいて弥陀の救いを待っていればよいのでしょうか。目の前に自分よりもはるかに苦しんでいる人がいたとしても、無力であることを理由に傍観することが許されるのでしょうか。大乗仏教は、己れを度《ど》する前に他者を度するという発想を持っていたはずです。己れの無力を理由に何もしないでいるとすれば、それは大乗仏教の精神に反することになるのではないでしょうか。この点に関して親鸞はどう考えていたのか、わたしたちは、次にこの問題と向き合わなくてはなりません。しかし、その前に、これまで見てきた親鸞の「信」の思想は、いったいいかなる点において独自性を持つのかをあきらかにしておく必要があるように思います。というのも、親鸞の「信」の思想は、師法然のそれを忠実に継承するもので、一見したところ法然思想の枠内から一歩も出ていないように見えるからです。親鸞には独自性があるのかどうか、もしあるとすれば、それはどのようなものなのでしょうか。

四　法然と親鸞——その微妙な差異

かつてわたしは、法然と親鸞との差異は、前者が行を重んじたのに対して、後者が信を重視したところにあると論じたことがあります（『「信」の思想』北樹出版、一九九八年）。法然が、念仏は生涯一度だけでよいとする、いわゆる「一念義《いちねんぎ》」を排し、多念《たねん》の重要性を強調したことはよく知られています。また、法然はみずから日に六万遍、七万遍ともいわれる念仏を実践していました。彼が念仏という行に重きを置いていたことは、ほとんど自明とさえいえましょう。それに対して親鸞は、「ただ、信心を要とすと知るべし」（歎異抄第一条）と述べ、信に重点を置く姿勢を示しています。これを見るかぎり、法然が行を重視したのに対して、親鸞が行よりもむしろ信に重きを置いていたことはたしかだといわざるをえないように思われます。しかし、こうした解釈は、じつは法然と親鸞の真意を十全に汲み尽くすものではないようです。

法然は、たしかに念仏を称えることを重視しました。ですが、信心の大切さを無視したわけではありません。『選択集』やさまざまな消息などからあきらかなように、彼は念仏の行が弥陀への信によって裏打ちされていなければならないことを強調します。しかも、多念を良しとしながら、多念の機会に恵まれていない人々にも配慮し、己れの分に応じて念仏すればそれでよいとします。極端な場合には、生涯一度しか称える機会に恵まれていないとしても、それで十分だとさえいいます。生涯に一度、心の底から弥陀を信ずる気持ちが湧いてくれば往生は可能だ、と考えたからです。法然は、「信行一体《しんぎょういったい》」という認識に立っていたといってよいでしょう。親鸞の場合も同様です。歎異抄の筆者唯円は、生涯に一度心から弥陀の本願を信ずる気持ちが湧けば往生は確定すると説きます（第十四条）。それは、親鸞の教えを如実に反映しているでしょう。とはいえ、親鸞は信心さえあれば念仏を称えなくてもよいとは考えません。彼は、念仏を称えても信心がなければ詮のないことだといいますが、同時に、信心があるとはいえ念仏を称えなければそれもまた虚しいことだ、ともいっています。『教行信証』信巻に「真実の信心は必ず名号を具《ぐ》す、名号は必ずしも願力《がんりき》の信心を具せざるなり」とあるのを見れば、親鸞が行か信かという究極の選択に迫られた場合には信を選ぶ姿勢に立っていたことは、否定できません。しかし、念仏者が日常を過ごす際の心得として、彼が、行に信が伴われ、信に行が伴われるという事態を求めていたことは、厳然たる事実です。親鸞が、師法然の思想を受け継いで、「信行一体」という認識を持っていたことは、いかにしても否定しえないと思われます。

信の受動性を強調する視座も、法然から親鸞へと受け継がれていったものです。法然の念仏、そしてそれを裏打ちする信は、あくまでも他力に基づいています。「罪悪有力、善根無力」という認識に立っていた法然は、人間が自力で信を持つことができるとは考えませんでした。彼によれば、信は弥陀から与えられたものにほかならず、念仏は弥陀に称えさせられることによって称えるものでした。親鸞が、信の徹底した受動性を、すなわち「絶対他力」を強調するとき、彼は師法然の思想を強く意識していたものと思われます。いいかえれば、今日真宗教学が力点を置く「絶対他力」の境位は、親鸞によって確定されたものというよりも、むしろ法然から継承されたものと考えるべきでしょう。

このように見てくると、法然と親鸞との間には、何ら思想的差異は見当たらないようです。のちに本願寺第八世法主蓮如によって確立された「信心為本《しんじんいほん》」の立場がすでに親鸞思想のうちに萌していることは事実ですが、これは同時に法然が説いていたところでもあります。親鸞は、思想的には、独創性を発揮した斬新な人物というよりもむしろ法然の忠実な継承者であったというべきではないか、とすら思われます。ところが、二人の思想をよくよくとらえ直してみると、「愚痴に還る」という一点において、微妙な温度差があるように見うけられます。

法然は、「弥陀助けたまへ」という一念を持ってひたぶるに念仏を称えれば救われると人々に説き、自身もまた念仏のほかに他事なしという後半生を送りました。八宗を兼学し、叡山で「智慧第一等」と称賛された法然は、浄土宗を開いた際、念仏以外には何もできないという境地、すなわち「愚痴」に還ったのでした。親鸞も同様です。「親鸞におきては、ただ念仏して、弥陀にたすけられ参らすべしと、よき人の仰せをかぶりて、信ずるほかに、別の子細なきなり」（歎異抄第二条）と断言する彼は、経典・論釈をめぐって蘊蓄を傾ける教養人の立場を放擲し、法然と同じ「愚痴」の境地に参入したといえましょう。このようにいうと、『教行信証』の難解な思索は、親鸞が単純に「愚痴」に還ることができなかったことを示している、という批判が生ずるかもしれません。しかし、『教行信証』は、貞慶や明恵の法然批判に対する、いわば護教の書であって、念仏とそれを裏打ちする信のみが肝要という親鸞の真意をそのまま具体的かつ端的に示すものではありません。ただ弥陀を信じて念仏すればそれでよい、というのが親鸞思想の要諦であり、それは彼が文字どおり「愚痴」に還ったことを意味するというべきでしょう。ところが、「愚痴」に還ったはずの法然は、いつの間にか「愚痴」を超えてある高みへと登り詰めてしまうのです。

以下は、「法然の生涯と思想」について語る際に考察した事柄ですが、煩を厭わずにもう一度触れておきましょう。法然は、その主著『選択集』の中で、みずからが「偏依善導」と説き、善導以前の祖師たちにまで遡らないのはなぜか、という問いを立て、それに対して、こう答えています。ただ一人善導のみが三昧発得《ざんまいはっとく》の境地にまで至り、それ以前の祖師たちはその境地にまで立ち至っていないからだ、と。三昧発得とは、念仏をするさなかに、我と弥陀とが一体化し、弥陀の姿が髣髴として浮かび上がることを意味しています。これはいわば恍惚情態において達せられる境地であり、念仏の主体と対象とが完全に溶け合うという意味で、物我相忘るる純粋経験の境位だといってもよいでしょう。法然は、この境地に到達したのは、浄土教の祖師たちの中で善導一人だといい、「善導一師に依拠すべきである」と主張するのです。もとより、このことは、法然が三昧発得の境地にまで達したことを示しているとはいい切れません。法然は自分自身は一介の凡愚にすぎず、三昧発得には遠く及ばない、と考えていたのかもしれません。しかし、法然が己れに課した日に六万遍とも七万遍ともいわれる口称の念仏は、彼を恍惚境に導いたとしてもおかしくありません。そもそも、祖師たちのうちの誰が三昧発得に至り、誰が至りえなかったかという判断を下すこと自体が、法然が三昧発得の境を知っていたことを物語っています。法然はたしかに、日に六万遍・七万遍という口称の念仏を実践することをとおして、我と弥陀とが一体化し、弥陀の姿がありありと眼に浮かぶ情態に入り込んだことがある、と見るべきでしょう。

そのとき、法然は、もはや「愚痴の法然房」ではなくなりました。弥陀や浄土を観想することは、常人にはとうてい不可能です。それは、聖人・賢者にのみ許された独特の境地だと申せましょう。法然は自己の信心を推し進める最終の段階で、愚痴から離れ聖人・賢者の立場に辿り着いてしまったといえます。それは、「愚痴無知の尼入道たち」のために浄土宗を開いた法然にとっては、望むところではなかったかもしれません。彼は、あくまでも愚痴に還った、その次元に止まりたかったのではないでしょうか。しかし、生涯を持戒・独身の清僧として過ごした法然には、それは無理な願望でした。彼は、どうしても愚痴を超えた高みにまで登らざるをえなかったのです。これに対して、親鸞は、肉食妻帯の、ある意味では破戒の僧として生きることによって、愚痴に止まり続けたといってもよいと思います。わたしたちは、ここに法然と親鸞の微妙な差異を見いだすことができます。愚痴に止まり続けるがゆえに、親鸞の他力の信心は、いよいよ深まりを増してゆきます。自分の力では信心のかけらさえ持てないという自覚は、全霊を賭しての他力への随順となって具体化されるからです。そうすると、ここでわたしたちは、ふたたび問わなければなりません。親鸞のようにすべてを他力に委ね切るという純粋受動の立場に立った場合、信心の主体としてのわたしたちは、何もしなくてもよいのか、と。

ひょっとすると、この問い立ては、虚しいものにすぎないのかもしれません。わたしは信心の「主体」という語を使いました。この語は、デカルト以来西欧哲学において支配的だった「主観（主体）―客観（客体）」構造を前提とするもので、そもそも親鸞思想にはそのような構造はなかったとも考えられるからです。「主観（主体）―客観（客体）」構造のもとに「信」をとらえるならば、信ずる我は主体であり、信ぜられる超越者・絶対者が対象（客体）であるということになります。親鸞は、我を主体の位置に置いて、弥陀を対象化するような態度を拒絶していたようにも見うけられます。親鸞にとって、弥陀は念仏を「場所」（コーラ）としてそこに立ち現われるものではなかったかと考えられるのです。ですが、もしそうだとすると、弥陀の立ち現われた場所に我が位置づけられることによって、三昧発得の境地が成立することになりかねません。これは、親鸞が強く拒むところであったと思われます。

親鸞は越後流罪以後、徹底して「非僧非俗」の立場に立ち続けました。俗人に徹することはできませんでしたが、彼は、みずからが聖人・賢者としての僧であることを拒絶しています。その親鸞が、三昧発得の境地を追い求めるということはありえないと思います。ただ、「非俗」であるかぎりは、仏法を重んじなければなりません。しかも、親鸞の仏法とは、大乗仏教以外にはありえません。繰り返しになりますが、大乗仏教の根幹には、己れを度する前に他人を度するという発想があります。そうである以上、信心の純粋受動性に甘んじて、一切の自力行を放擲するということは許されえないはずです。親鸞はこの点についてどう考えていたのでしょうか。わたしたちは、いよいよこの問題を正面から論ずるべき段階に達したようです。

第四章　慈悲の思想

一　往相・還相二種回向

親鸞は『教行信証』教巻の冒頭で、こう述べています。「謹んで浄土真宗を按ずるに、二種の回向あり。一つには往相、二つには還相なり」と。通常の大乗仏教では、回向とは善徳を積んでそれを衆生に振り向け共に仏果を得ることを意味しています。ところが、浄土教では、曇鸞以来、回向は二種あるものと受けとめられています。すなわち、わたしたちが念仏して弥陀の願力によって浄土へと往生するという意味の往相回向と、浄土に参入したわたしたちが現生へと還ってきて、いまだに救われていない人々を浄土へといざなうという意味の還相回向です。親鸞は、曇鸞以来の浄土教の伝統に即して、この二種回向を強調します。これは、自分だけが弥陀の願力によって救われればよいという考えを排して、他の人々をも現世の苦から救い出そうとするもので、大乗仏教の真髄に適った思想と申せましょう。主著『教行信証』の冒頭部でその二種回向に言及する親鸞は、他者への慈悲ということを念頭に置く利他主義者であったといえます。ところが、『教行信証』教巻では、往相回向が詳細に分析されるものの、還相回向については詳しい論述が為されていません（信巻では比較的詳しい分析が為されますが、やや具体性に欠けています）。親鸞が二種回向を具体的にどうとらえていたのかを知るためには、わたしたちは、またしても歎異抄に頼らなければなりません。

歎異抄第四条は、親鸞が慈悲についてどのような思想を持っていたのかを簡潔に語る条です。以下はその全文です。

一、「慈悲に聖道・浄土のかはりめあり。

聖道の慈悲といふは、ものを憐れみ、悲しみ、育むなり。しかれども、思ふがごとくたすけ遂ぐること、きはめてありがたし。浄土の慈悲といふは、念仏して、いそぎ仏になりて、大慈大悲心をもつて、思ふがごとく、衆生を利益《りやく》するをいふべきなり。

今生に、いかに、いとほし、不便《ふびん》と思ふとも、存知《ぞんち》のごとくたすけがたければ、この慈悲、始終《しじゅう》なし。

しかれば、念仏申すのみぞ、末《すえ》とほりたる大慈悲心にて候ふべき」と云々。

ここで、親鸞はまず、慈悲には自力聖道門《じりきしょうどうもん》と他力浄土門《たりきじょうどもん》との「かはりめ」がある、といっています。近頃の研究者の間には、「かはりめ」を、自力聖道門から他力浄土門へと移る、その変化の節目の意に解する向きもあります。そのように解釈すると、自力聖道門の慈悲はやがて他力浄土門のそれへと変わり、前者は後者のうちに発展的に止揚されることになります。興味深い解釈ですが、この条の文脈そのものが、そうした解釈を拒否しています。というのも、この条では、「聖道の慈悲といふは―」「浄土の慈悲といふは―」という形で、二つの慈悲が対比的に区別されているからです。つまり、ここでいう「かはりめ」とは、違いの意としかとらえようがありません。親鸞は、自力聖道門の慈悲と他力浄土門のそれとを、それぞれ別個のものとして比較し、後者は前者にまさると主張しているのです。

自力聖道門とは、道綽が規定したように、念仏の教え以外の大乗仏教のすべての宗派をさします。一方、他力浄土門とは専修念仏《せんじゅねんぶつ》の教えにほかなりません。親鸞は、念仏の教え以外の大乗仏教の宗派は、いかに慈悲の重要性を強調しようとも、つまるところその慈悲を貫徹することができない、と断定します。それは、念仏以外の他の教えに従うかぎり、慈悲を実践する者は自分の力でそれを貫かざるをえないけれども、根本において煩悩具足の凡夫でしかない自力の行者には、おのずからに力の限界がある、と考えたからです。親鸞はいいます。これに対して、専修念仏の行者は、念仏の力によって速やかに浄土へと往生して仏となり、大慈悲心を以て思いのままに衆生に利益を与えることができる、それゆえに、念仏を申すことこそが徹底した慈悲となるのだ、と。

ここで親鸞がいっている念仏の力によって速やかに浄土へと往生して仏になるということは、往相回向を意味しています。そして、大慈悲心を以て思いのままに衆生を利益するということは、浄土へ往って仏となった者が、ふたたび現生へと還ってきていまだに救いに与かっていない者を救い取ること、すなわち還相回向を意味しています。したがって、この歎異抄第四条には、きわめて具体的な形で、往相・還相二種回向という思想が披瀝されていると解することができます。

この往相・還相二種回向という思想に関して注意すべきは、まず第一に、往相回向が念仏の力によって可能になると説かれている点です。これまで繰り返し考察してきたように、念仏とは自分の力で実践するものではありません。それは、弥陀から信心を与えられた者が、弥陀の導きによって、つまり他力に基づいて行うものです。したがって、親鸞のいう往相回向とは、一見念仏者の自力の行であるかに見えて、じつは、弥陀に催されておのずからに行われる行、すなわち、行わしめられることによって行う行にほかならない、と申せましょう。次に注意すべきは、還相回向もまた自力の働きではない、という点です。いったん浄土に往生した者が現生の衆生に振り向ける大慈悲心とは、往生した者が独自に持つ心ではありません。それは、本来弥陀が有する心です。親鸞によれば、そうした弥陀の大慈悲心を身に受けた者が、現世へと回帰して、いまだに弥陀の救いに与かっていない人々に多大な利益をもたらすのです。

そうすると、往相・還相二種回向とは、弥陀の為すところであって、行者の為すところではない、と親鸞は説いているように見えます。このように見た場合、親鸞は、悪性をその根柢に有するがゆえに無力なる人間は、すべてを弥陀に委ねていればそれでいい、と説いていると考えられます。つまり、人間は主体的に何かを実践する必要はないということになります。しかしながら、親鸞思想に関するこうした見方は、じつは正確さを欠いています。親鸞の教えは他力本願であるといわれます。たしかにそのとおりです。ですが、親鸞は、自力の営みがまったく不要であるとは考えていません。それは、改めて親鸞の生涯を見詰めてみれば、たちどころに分かることです。親鸞は、二十年間にわたって天台教団で自力の修行に打ち込みました。その修行が生半可なものではなかったことは、すでに考察したとおりです。親鸞は、自力のかぎりを尽くして挫折し、みずからの心がくず折れた地点で、専修念仏という他力の教えに帰したのです。親鸞は、いわば「自力の果ての他力」ということを考えていたと見るべきでしょう。

まったく自力を試みることなく、始めからすべてを他力に委ねることは、親鸞の認めるところではなかったはずです。親鸞においては、自力から他力への転換点が重視されていたと見るべきでしょう。わたしたちは、その存在構造の上で根源的な悪性を帯びた存在者です。しかし、悪性を身に帯びたまま懸命に自力の努力をしてみて、もはやどうにもならなくなった時点で、わたしたちは弥陀の本願力に全霊を委ねるべきである。親鸞はそのように考えていたというべきでしょう。往相・還相二種回向の場合も例外ではありません。自分以外の衆生を救うべく最大限の自力の努力をすることはけっして無意味ではない、しかし、それは己れ自身の力の限界ゆえに成果を実らせることができないものである、したがって、わたしたちは、最終的には弥陀の願力に縋って与楽・抜苦（慈悲）を実現せざるをえない、というのが親鸞の真意であったと、わたしは考えます。

ですから、歎異抄第四条において、親鸞が自力聖道門の慈悲は貫徹しないと説くとき、そこには自力聖道門を無価値とする認識はなかったと思われます。一切のものを憐れみ、悲しみ、育てようとする自力聖道門の慈悲は、けっして無意味なものではないのです。ただし、それは行者の権能の限界性ゆえに実現することができません。その実現不能性を自覚した行者が、他力浄土門へと己れを向け変えることによって、慈悲は貫徹される、と親鸞は考えていたのです。その意味では、「かはりめ」を自力聖道門から他力浄土門へ移行する際の、その節目と見ることもあながち誤りとはいえないでしょう。ただし、その移行が行者の懸命の努力の結果でないとするならば、移行の可能性を想定すること自体が、大きな過誤ということになるでしょう。

ところで、往相・還相二種回向という思想には、一つの重大な問題が孕まれています。すなわち、往相回向の終末点が還相回向の開始点であることは、いかにしても否定しようのない事実です。かつてわたしが、田辺元の『懺悔道としての哲学』を敷衍しながら説いたように（『歎異抄論究』北樹出版、二〇〇三年）、かりに親鸞に「往相即還相」「還相即往相」という思索が見られたとしても、その場合にもやはり起点は往相回向となるはずです。人間の原体験としては、あくまでも往相が還相に先立つのです。そうすると、還相回向とは、いったん臨終を迎えた人間、つまり死んだ人間が現世へと還ってくることを意味します。わたしたちの通常の体験は、こうした考え方にはどうしても馴染めないのではないでしょうか。蜂屋賢喜代師が『四十八願講話』（法蔵館、一九八〇年）等で説くように、人間が死後に往生を遂げるという発想からは、還相回向という思想は出来《しゅったい》しようはずがありません。還相回向ということを「事実」としてとらえるかぎり、往生は死後に起こるものではなく、この現生《げんしょう》において生起すると見るしかないのですが、はたして親鸞はこの点をどう考えているのでしょうか。次節ではこうした問いを立て、それに対する回答を模索してみたいと思います。その際、またしてもわたしたちは歎異抄を繙かなければなりません。

二　親鸞の矛盾？

親鸞における「信」の構造を考察した際に触れたように、親鸞は理念的な視座から物を考える人物でした。しかし、このことは、親鸞が事柄や事態の理想的な在り方のみを求めていた人間であることを意味しているわけではありません。彼は、人間的現実、あるいは現世を生きる人間の現実的な心の在りようを冷静に見詰める思想家でもありました。このことをもっとも端的に示すのが、歎異抄第九条です。以下に掲げるのはその全文です。

一、「念仏申し候へども、踊躍《ゆやく》・歓喜《かんぎ》のこころおろそかに候ふこと、また、いそぎ浄土へ参りたきこころのさふらはぬは、いかにとさふらふべきことにて候ふやらん」と申し入れて候ひしかば、「親鸞もこの不審ありつるに、唯円房、同じこころにてありけり。よくよく案じみれば、天に踊り、地に躍るほどに喜ぶべきことを喜ばぬにて、いよいよ、往生は一定《いちじょう》と思ひ給ふなり。喜ぶべきこころを抑へて喜ばせざるは、煩悩の所為《しょい》なり。しかるに、仏、かねて知ろしめして、煩悩具足の凡夫と仰せられたることなれば、他力の悲願は、かくのごとし、われらがためなりけりと知られて、いよいよたのもしくおぼゆるなり。

また、浄土へいそぎ参りたきこころのなくて、いささか所労のこともあれば、死なんずるやらんと、こころぼそく覚ゆることも、煩悩の所為なり。久遠劫《くおんごう》より今まで流転せる苦悩の旧里《きゅうり》は捨てがたく、いまだ生まれざる安養浄土《あんにょう》は恋しからず候ふこと、まことに、よくよく煩悩の興盛《ごうじょう》に候ふにこそ。なごり惜しく思へども、娑婆《しゃば》の縁つきて、力なくして終る時に、かの土《ど》へは参るべきなり。いそぎ参りたきこころなき者を、ことに憐れみ給ふなり。これにつけてこそ、いよいよ大悲・大願はたのもしく、往生は決定と存じ候へ。

踊躍・歓喜のこころもあり、いそぎ浄土へも参りたく候はんには、煩悩のなきやらんと、あやしく候ひなまし」と云々。

これによれば、歎異抄の筆者唯円が、念仏を称えているにもかかわらず、喜ばしい気持ちが湧いてこず、急いで浄土へ往きたいという気持ちになれないのはいったいどういうことなのでしょうか、と親鸞に問うたといいます。もし親鸞がごく普通の浄土教の師であったならば、厳しく唯円を諫めたはずです。というのも、浄土教においては、弥陀の願力によって念仏を称えさせてもらい、浄土に往生することが決まるということは、この上もない喜びであり幸いだからです。親鸞とほぼ同時代の文献、たとえば、『発心集』や『一言芳談』などには、ひたぶるに現世を厭い、浄土への往生を求める修道者の姿が描かれています。往生を喜べず、現世に執着することなど、通常の浄土教思想の立場ではとうてい許されることではありませんでした。

ところが、親鸞は、そのような唯円に向かって、この親鸞も同じ不審を懐いていたのだが、唯円房よお前さんも同じ心持ちだったんだなあ、といい、唯円の疑問を当然のものであるかのように肯定します。親鸞はいいます。念仏申すことによって往生が決定《けつじょう》するということは、天に踊り地に躍るほどに喜ばしいことであるはずなのに、それを喜べないということは、よくよく煩悩が強いせいであろう。しかし、弥陀は、わたしたちが、そのように煩悩が強い者であることを重々ご承知の上で、他力の悲願をかけてくださったのだから、そんなわたしたちこそが、まさに救われるべき対象なのだ、と。浄土へ往きたいという気持ちになれず、現世に執着する者こそが、弥陀の本願の直接の対象である、と親鸞は考えるのです。そして、親鸞はさらにいいます。浄土に往きたいという気持ちになれず、ちょっとばかり病気をしようものなら、死んでしまうのではないかと心細く思うのが、わたしたち凡夫というものだ。永劫《えいごう》の過去から流転し続けてきた苦悩に満ちた現世を捨てられず、安養浄土は恋しく思えないというのは、よくよく煩悩が強いせいであろう。しかし、そんなわたしたちでも、娑婆での縁が尽きてよんどころなく命が終わるときになれば、浄土に参ることになるはずである、と。

親鸞は、わたしたちの煩悩を認め、煩悩を持つからこそわたしたちは弥陀の本願の直接の対象になるという認識を貫きます。その際、苦に満ちた現世に執着して、理想郷ともいうべき浄土へ往きたい気持ちになれない在りようを肯定すらします。ただし、そのような在りようをするわたしたちでさえも、臨終を迎えれば弥陀の願力によって自然に往生することになる、と親鸞は説きます。現世への執着としての煩悩を抱え込んでいても、何の心配もないという次第です。ここで着目すべきは、親鸞が、わたしたちが弥陀に導かれて浄土へと往生すること、すなわち往相回向を、臨終時に起こることととらえている点です。これによれば、親鸞は臨終往生説をとなえていたことになります。

右に引用した歎異抄のことばは、おそらく、善鸞義絶事件ののちに語られたものと推定されます。歎異抄の筆者唯円は、善鸞義絶事件によって思想的混乱に陥った関東の門弟たちが、親鸞に真意を伺うべく十余ヵ国の境を超えて上京した際に、彼らと共に京に上り、以後親鸞に近侍するようになったものと考えられるからです。そうすると、親鸞は八十五歳前後に臨終往生説をとなえていたことになります。ところが、親鸞が関東の門弟たちに与えた書簡集『末燈抄』の第一書簡には、次のように記されています。

来迎は諸行往生にあり、自力の行者なるがゆゑに。臨終といふことは、諸行往生のひとにいふべし、いまだ真実の信心をえざるがゆゑなり。また十悪五逆の罪人の、はじめて善知識にあふて、すすめらるるときにいふことなり。真実信心の行人は、摂取不捨のゆゑに、正定聚《しょうじょうじゅ》のくらゐに住す。このゆゑに臨終まつことなし、来迎たのむことなし。信心のさだまるとき往生またさだまるなり。来迎の儀則をまたず。

親鸞の時代の通常の浄土教思想では、念仏の行者が臨終を迎えるとき、弥陀が二十五人の菩薩とともに迎えに来て、行者を浄土へと迎え取ると考えられていました。その臨終に際しては、身体（頭）を北に向けて西に面して横たわり、阿弥陀如来像につなげた五色の糸を握って念仏を称えなければならないというようなことが決まっていました。親鸞は、そうした臨終の儀則は、さまざまな修行・善行を積んで自力で往生しようとする人間に必要なのであって、他力の行者には無用であると断言します。親鸞はいうのです。他力の行者、すなわち「真実信心の行人」は、弥陀の摂め取って捨てないという本願のゆえに、すでに往生することが確定した正定聚の位についている、と。

ここには、わたしたちは、生きながらにして、つまり現世に在りながら往生するという認識が示されています。親鸞がこの書簡を書いたのは七十九歳のときのことでした。すると、親鸞は、七十九歳から八十五歳前後に至る過程の中で、自己の往生観を変容させたことになります。人間が現世に在りながら往生するという考えを、即得《そくとく》往生説といいます。親鸞は短期間のうちに、即得往生説から臨終往生説へと立場を変えたのでしょうか。立場を変えたとすれば、それはそれで納得のゆく話ではあります。矛盾はありません。ところが、親鸞は、歎異抄の如上の言説を披瀝したのと同時期に、すなわち八十五歳のときに、『一念多念文意《いちねんたねんもんい》』の中でこう述べています。

真実信心をうれば、すなわち無碍光仏の御こころのうちに摂取して、すてたまはざるなり。摂はおさめたまふ、取はむかへとるとまふすなり。おさめとりたまふとき、すなわち、とき日をもへだてず、正定聚のくらいにつきさだまるを、往生をうとはのたまへるなり。

これによれば、わたしたちは、真実の信心を得た瞬間にすでに往生することが決まった位に就いたことになり、しかもそれが往生を得ることだということになります。ここで披瀝される即得往生説は、『末燈抄』の第一書簡のそれよりも、よりはっきりとした相貌を示しているといえましょう。こうなると、親鸞は、ほぼ同じ時期に臨終往生説と即得往生説とを二つながらに説いていたことになります。これは親鸞の矛盾なのではないでしょうか。

親鸞の時代に矛盾を矛盾のままで乗り超える論理、たとえば弁証法的論理のようなものが確立されていたとは考えられません。親鸞の時代にあっては、矛盾は論理の破綻として廃棄されなければならないものでした。ただし、親鸞の真意が即得往生説にあった蓋然性はかなり高いといえます。なぜなら、即得往生説に立つとき、還相回向の非現実性が排除されるからです。つまり、わたしたちが生きながらにして往相回向するとすれば、往相回向を起点とする還相回向も、わたしたちがこの現世において実践する行為ということになります。さて、親鸞の真意はどこにあったのでしょうか。これをあきらかにするためには、どう考えても矛盾にしか見えない両説の併存という事実を、論理的に説明づけておく必要があります。

三　唯円への配慮

もし、浄土が死後の世界であるとすれば、そこへ往くことは現世と別れることを意味しています。現世が苦以外の何ものでもない人にとって、現世を離れることは望ましいことかもしれません。しかし、たとえかすかにではあれ現世に希望を残している人にとっては、それは悲しい事態ということになるでしょう。わたしのように、この世に生をうけてからすでに六十年を経、数多《あまた》の夢が妄想でしかないことを知ってしまい、かつは今後の生活に大きな期待も持てない人間にとって、死後の世界に往くことは、さしたる苦痛ではありません。ですが、まだ細胞が躍動する若者にとっては、かりに死後の世界がいかに素晴らしいものであるとしても、現世を見捨てることはかなり難しいことではないかと思われます。若者には、現世で成し遂げたい夢が山のようにあることでしょう。若者に対して、それらの夢を捨て去ることを強要するのは、あまりに酷なことのように思われます。

親鸞と如上の問答を行ったとき、唯円はまだ二十代後半か三十代前半ころの年齢であったと推定されます。もちろん唯円は普通の若者ではありませんでした。彼は、親鸞の直弟子であり、「非僧非俗」を自認する師匠の影響を受けていたとはいえ、一応は仏者として生きていたことでしょう。現世を苦に満ちた世界と見定め、そこからの解脱を求めるのが釈尊以来の仏教の基本姿勢です。唯円がその基本姿勢から逸脱していたとは考えられません。すくなくとも観念の上では、死後の世界としてのお浄土に往くことを、唯円は忌避していなかったはずです。しかし、若さというものは、細胞の盛んな活動によって支えられています。いくら観念的にこの世を厭う考えを懐いていても、若い細胞は生きたい、現世に止まりたいと叫んだに違いありません。わたしも、二十代、三十代のころはそうでした。当時から仏教に親しんでいたわたしは、頭の中では現世を厭うていましたが、肉体的な面ではまだまだ現世に執着していました。おそらく、唯円も同様だったのでしょう。彼は、弥陀に導かれて念仏し、それによってお浄土に往けることを、頭の中では光栄なことととらえていたことでしょう。ところが、彼の肉体は、死後の世界としてのお浄土に往くことを拒み、現実の生に執着したのです。唯円は、親鸞に向かって率直にそのことを告白したのでした。

親鸞は、その告白を諫めませんでした。それどころか、それは自分自身が懐いていた気持ちであるとすら語りました。その際、親鸞は唯円があくまでも真率な姿勢を崩さないことを高く評価したのだ、とわたしは思います。しかし、浄土へ往くことを喜ばしく思えないという心の在りようを、親鸞はけっして高く評価していたわけではありません。親鸞は、そうした心の在りようは煩悩であると断言しています。彼は、現世を厭い浄土へ往こうとするところこそが真の浄土宗（浄土真宗）の門徒には相応しいと考えていました。それにもかかわらず、親鸞が唯円の心の在りようをいったん肯定したのは、唯円の内面にいわば実存的な苦悩を認めたからではないでしょうか。唯円は、理念と現実の狭間で苦悩していました。理念的には、浄土への往生を求める姿勢が正しいことを理解しつつも、現実的には、どうしても娑婆の生活を破棄することができなかったのです。親鸞がことさらに諫めるまでもなく、唯円は己れの矛盾に気づいていたのです。親鸞は、あえてその矛盾を暴き立てる必要を認めませんでした。親鸞は、唯円の苦悩に配慮し、それを慰撫するために、自分もまた同じ不審を懐いていたと語ったのでした。

親鸞の慰撫によって、唯円は救われたことでしょう。親鸞の没後数十年を経て、なおそのときの問答を記憶に焼き付けていたということは、親鸞が発した慰撫のことばが鮮烈に唯円の胸を打ったことを物語っています。浄土へ往きたくないという煩悩を抱え込んだままの姿で、弥陀の救済に与かることができる、という親鸞のことばは、唯円の生涯を決定づけるような重みを持っていたことでしょう。このことばを支えとして、唯円は理念と現実とを一致させる途を歩んで行ったに違いありません。だとすれば、親鸞は、相手の機に応じて巧みに弟子たちを導く能力を備えた、優れた教師であったといえましょう。前章でも考察したように、親鸞は、自分には弟子など一人もいないと断言しました。理念的にはそのとおりだったのでしょう。しかし、実際の親鸞は、対機説法によって、さまざまな形で弟子たちを導くことができた優秀な「師」だったのです。

親鸞は、万人悪人説をとなえました。一見して彼の思想は陰鬱な影を引き摺っているように見えます。わたしのこの講義をこれまで聴いてくださった方々の中には、親鸞とは何て暗い思想家なんだろうと思った方もおられると思います。ところが、歎異抄第九条に登場する親鸞の口吻は、どこかしら明朗な雰囲気を湛えています。煩悩を抱え込んでいるからこそ救われるのだ、心配するな、と唯円に語る親鸞の顔貌には、こぼれんばかりの笑みが浮かんでいたと見ても、けっして見当違いではないように思います。親鸞は、けっして陰鬱な思想家ではありませんでした。万人悪人説は、爽やかな思想でも明るい思想でもありません。しかし、悪人であるがゆえに救われるという彼の思想は、悪人でしかありえない多くの人々に対して、明るい希望をもたらしたことでしょう。

よくよく考えてみると、歎異抄第十三条に登場する親鸞も、明朗な雰囲気を漂わせていたように思われます。そこで、親鸞は、唯円に向かって、人を千人ばかり殺してくれないか、そうすればお前さんの往生が決定《けつじょう》するよ、と語っています。親鸞が本気になって人を千人殺せなどというはずはありません。たぶん彼は、微笑を浮かべながら、唯円を軽くからかっているのです。そのからかいが、「わがこころの善くて殺さぬにはあらず」という深刻な哲理を導き、相手の胸を強く打つところに、親鸞の「師」としての本領があると見るべきでしょう。親鸞は、朗らかにかつユーモアたっぷりに弟子を導いたのです。親鸞思想の透き通るような明晰さは、こうした態度に由来するものと申せましょう。

ただし、唯円を慰撫する際に親鸞が示した浄土観は、親鸞の真意に即するものではなさそうです。歎異抄第九条では、唯円はあきらかにお浄土を死後の世界と考えています。これは、浄土教思想の流れの中で、源信までの段階で説かれた浄土観です。法然には微妙な問題があります。『選択集』などによれば、法然はまだ臨終往生説に立っていた可能性が濃厚だからです。『行状絵図』が法然の臨終をめぐってさまざまな奇瑞を描き、弥陀の来迎に言及している点から推察するに、法然の弟子たちの多くはあきらかに臨終往生説に立っていました。親鸞との間で如上の問答を繰り広げた際の唯円も、こうした臨終往生説の立場に立っていることは、ほぼ確実といえます。歎異抄第九条の親鸞は、臨終往生説を認める形で、つまり浄土を死後に存在する世界と見なしながら、唯円を慰撫しています。これは、唯円という一個の若々しくもまだ未熟な宗教的実存に対するがゆえに取られた態度であり、親鸞本来の浄土観から逸れるものだったのではないでしょうか。『末燈抄』第一書簡や『一念多念文意』などの親鸞自身による著述は、彼が即得往生説に立っていたことを如実に示しています。親鸞は、唯円の若き魂を宥めるためにかりそめに臨終往生説を示しただけで、彼の真意は即得往生説にあったと解するべきではないでしょうか。そうすると、親鸞の想い描く浄土とは、具体的にどのようなものであったことになるのでしょうか。わたしたちは、親鸞思想の根幹に関わるこの問いを発するべきときを迎えたようです。

四　親鸞の浄土観

親鸞以前の浄土教の歴史の中では、浄土は西方極楽浄土ととらえられてきました。西方極楽浄土とは、黄金の蓮華に無限大の金色の阿弥陀仏が憩い、芳香や涼風が爽やかに香りかつ漂うというような、きわめて具象的な世界です。ところが、親鸞はお浄土をこのような世界として描こうとはしません。あえていうならば、無量寿でもあると同時に無量光でもある阿弥陀仏が発する無限の光が、親鸞にとってのお浄土でした。これは抽象的に観念された世界であり、何らの具象性も持ちません。しかも、その無量光は、死後の世界を照らし出すものではないようです。それは、現世を照らします。どういうことでしょうか。穢土にすぎない現世が清浄の光に照らされるという発想は、在来の浄土教においてはけっして認められるものではありません。

じつは、親鸞は、現生正定聚《げんしょうしょうじょうじゅ》という認識に立っています。すなわち、わたしたちは、この世に生きながらにしてすでに往生が決まった位に就くのであって、そこに就くことこそが往生である、というのが親鸞の浄土観の根柢をなす思想なのです。この思想によれば、わたしたちは、生きたまままお浄土に往っていることになります。つまり、親鸞の浄土とは、わたしたちが死後にそこに到達する西方極楽浄土ではなく、この現世に存在する世界なのです。いいかえれば、親鸞においては現世が浄土であるということになります。「煩悩を断ぜずして涅槃を得る」と説く親鸞にとっては、当然の結論なのかもしれません。親鸞にあってはまさに「娑婆即涅槃」であったといってもよいでしょう。しかし、こうした考え方をとると、奇妙な事態が生じます。苦に満ち満ちた穢土《えど》がそのまま浄土であるとすれば、わたしたちはもはや救われないことになってしまうのです。親鸞が、このような救済を否定する思想を説いていたとは考えられません。現世がそのまま浄土であるといっても、親鸞は、その際現世を生《なま》のままの現実とは考えていなかったに相違ありません。

わたしたち現代人は、自分たちが生きているこの現世がそのまま浄土であるといわれても、にわかには信じられないでしょう。わたしたちが生きている世界には、戦争やテロが絶えませんし、貧困や飢餓が蔓延しているからです。非道な人間がはびこり、道義ある人間は片隅に追いやられているのが、わたしたちの現実であるといっても過言ではないでしょう。

このような現実世界のどこがお浄土なのか、疑問であるといわざるをえません。それは親鸞が生きた時代でも同じだったでしょう。政争によって多くの人々が無残に殺される場面や飢饉に喘ぐ民衆に、親鸞は至る所で遭遇したに違いありません。にもかかわらず、この現世がお浄土だと彼がいうのはいったいなぜでしょうか。考えてみれば不思議です。しかし、時代状況がいかに悲惨なありさまを示していても、人間がただ悪性のみを露呈するということはないはずです。非道で悲惨な現実の中にも、人間の善性が如実に現われる場面は十分にありうるはずです。

このようにいうと、疑問を呈する向きもあるかもしれません。親鸞は万人悪人説に立っていたのではなかったか、だとすれば、彼が現世に善性を認めることなどありえようはずもないではないか、と。たしかに、親鸞にとって人間は皆例外なしに悪人でした。無限の過去から現在にかけて悪の海に沈み込んでいるというのが、親鸞の人間観だったことは、否定できない事実です。しかし、その悪性とは、人間存在の根本構造に関わるもので、その根本構造は場合によっては変質させられるものです。すなわち、わたしたちが、みずからの悪性を自覚しつつ、弥陀の願力によってそれを乗り超えようとするとき、わたしたちは、かりにごくわずかな間にしろ、悪性を免れ善性のうちに生きることができるのです。もとより、それは自力で作る善ではありえません。悪しき者は善に対して開かれておらず、そういう意味でまったく無力だからです。ですが、わたしたちを善へと差し向けようという弥陀の本願は、わたしたちの「性」を転換させるのです。すくなくとも親鸞はそのように考えていました。それは、『教行信証』化身土巻にいう「三願転入《さんがんてんにゅう》」ということからあきらかになります。

三願転入とは、大無量寿経に説かれる弥陀の四十八願のうち、もっとも肝要な第十八願、第十九願、第二十願の三つを、親鸞の魂が移り動く経緯を意味しています。親鸞は、まず第十九願に自身の拠り所を定めたといいます。第十九願とは、みずから善徳を積み重ね、その功によって弥陀に迎え取られることを願うものです。親鸞は若き日に叡山で修行を積みました。それは、善徳を行うことによって覚りを得ようとするものでした。しかし、親鸞はやがてその立場を捨てたといいます。彼は第二十願に依拠することになったのです。第二十願とは、自力の念仏を回向することによって浄土へと往生することを願うものです。親鸞はほどなくこの立場をも捨てました。第十九願を捨てたのは、自身の罪業を深く見詰める親鸞にとって、真の意味での善徳をなすことは不可能と観ぜられたからでしょう。第二十願を捨棄したのも、やはり罪業まみれの自分が自力で行う念仏にはおのずから限界があると考えたからでしょう。そして、法然の念仏の教えに帰したころ、親鸞は最終的な境地として第十八願を選び取りました。すでにいくたびか述べたように、第十八願とは、弥陀の本願力にすべてを委ね、弥陀に導かれて念仏することによって、浄土へと摂め取られることを求める願です。要するに、親鸞は、第十九願から第二十願へ、そしてさらに第十八願へと依拠する立場を転換していったのでした。

この転換の過程では、人間の善徳が全面的に否定されているように見えます。念仏すらも、それが自力の善を志向するかぎり否認されてしまうようです。しかし、よくよく考えてみると、第十九願と第二十願は完全に廃棄されたわけではありません。第十九願の善徳を求める心は、第二十願の自力の念仏の中に吸い上げられます。さらに、第二十願の自力念仏は第十八願の他力念仏の中にいわば止揚されてゆきます。第十八願はあらゆる凡夫を救おうという願ですが、そこには第十九願と第二十願で求められた人間の善性が、包み込まれる形でその姿を保っていると見るべきでしょう。親鸞にとっては、なるほど、人間は自分自身をも含めてすべて悪人でした。けれども、その悪性は、三願転入によって、善性の下支えを受けるようになるのです。三願転入を遂げた親鸞にとって、人間は全面的に悪しきものではなくなっているといってもよいと思われます。

現生に浄土の現出を見る発想は、現実を生のままに見るところには生じません。親鸞の場合、三願転入という自身に起こった信仰上の決定的な事態を通して、現実は、眼に見えるものから、肉眼では見えない何かへと変質しています。その「何か」を正確にことばを以て表現する能力は、残念ながらいまのわたしにはありません。しかし、現実がそれをいかに見るかによって変貌することだけはたしかではないかと思います。弥陀の本願力に与かって、己れ自身の向きが変わった人間には、現実は生のままの姿とは違うものに見えてくるのです。このことは、大乗仏教に特有な、したがって、浄土教にとっても肝要な、自利・利他の思想を瞥見することによって、あきらかになってくるのではないでしょうか。

人間というものは、自分だけの利益を図ってもけっして上手くゆくようにはできていません。人間は、文字どおり「人」と「人」との「間」に在る存在者、すなわち関係的存在者だからです。わたしたちは、人と人の間で、関係を構築しながら生きています。己れ自身が利益を得て幸せであるためには、己れが営む関係そのものが良好なものでなくてはなりません。そして、関係が良好であるためには、他の人々もまた自分と同じように利益を得て幸福でなければならないのです。ですから、自利を図るということは、とりも直さず利他に生きることでなくてはなりません。大乗仏教は、そして浄土教は、この事実を冷静に見極める宗教でした。わたしたちが、お浄土への往生をめざすのは、自利を図るがゆえです。しかし、自分だけが往生を遂げてもわたしたちは幸せにはなれません。自分が幸福になるためには他の人々もまたお浄土へと往生を遂げなければならないのです。曇鸞以降親鸞に至るまでの浄土教の祖師たちが、表現こそ異なるとはいえ、ほぼ一致して、懸命に還相回向を説いたゆえんです。

還相回向をめがけて、つまりは利他行をめざして現実生活を生きるとき、人間はその存在構造の上では悪を拭い去ることができないにもかかわらず、仏性の面では善を遺憾なく発揮していると申せましょう。戦禍に喘ぐ人々を救助する、あるいは目の前で倒れそうになる人を思わず支える。こうした行動をとる人が利他行に生きていることは間違いのない事実です。その事実を目の当たりにし、そこに焦点を定めて世界を観望するとき、わたしたちは、現世に浄土を見ることができるのではないでしょうか。現世を悪辣な世界と見るか、それとも善性に満ちた浄土と見るかは、視点の相違によって変わってくるのです。そもそも、日本仏教の発想ではありとあらゆる事物に仏性が宿ります。人間も例外ではありません。仏性を持った人間が、その仏性を善なるものとして遺憾なく発揮して在る、という事態に直面するとき、親鸞がいうように、現世をまさに浄土ととらえることができるのではないでしょうか。

さて、以上で、親鸞の浄土観の核を成す考え方が明瞭になったのではないかと思います。浄土観こそが親鸞思想の中軸に据えられているという認識に立つならば、親鸞思想をめぐるこの講義は、もはや最終段階を迎えたといってもよいでしょう。しかし、この講義は、目下の段階では親鸞思想を歴史的な文脈の中に位置づけたにすぎません。述べてきたような概要を持つ親鸞思想が、もし親鸞の段階ですでに結実し、新たに考察すべき問題を持たないとすれば、それは単なる骨董趣味の対象にしかならないでしょう。親鸞思想は、親鸞以後の思想史の中でどのような意義を担いうるのか、それを現代の視点から問わないかぎり、この講義の最終的な目的が果たされたとはいえません。できれば、親鸞から蓮如へ、さらには明治以降の真宗改革運動へと話を進めたいところですが、残念ながらもう時間が残されていません。この講義では、最後に現代における親鸞思想の意義を考えることを以て、全体のとじめとしたいと思います。ただし、親鸞没後から現代までは、すでに七百五十年の歳月が流れています。親鸞のことばを生のまま引用し、あるいは親鸞思想の中で用いられた概念をそのままの形で取り上げてみても、その現代的意義はあらわにはならないでしょう。この講義で、わたしたちに求められるのは、親鸞のことばと概念を現代思想の文脈に投じ入れながら、それが生き生きとした意味を有するかどうかを検討することではないでしょうか。

終　章　親鸞と現代

一　自力の限界

現代は主体性の時代であるといわれています。人間が主体的に自己の個性を表現し、その表現の試みにみずから責任を負ってゆく時代、それが現代だといっても誤りではないでしょう。わたしたち現代人は、何をしても厳しく「自己責任」を追及されます。それは、わたしたちのあらゆる行為が自由に根ざしていると判断されるからです。自由とは、自《みずか》ら由《よし》とすることであり、ただ自分の意志にのみ基づいて行為することにほかなりません。なるほど、自由は平等とともに憲法によって保障されていますし、他者の権利を侵害しないかぎり、わたしたちが己れの意志に即して行為する可能性を有することは、否定できない事実だと申せましょう。しかし、自由はどこまでも無限に保障されているのでしょうか。

わたしたちが無限に自由であること。それは、本来ありえない事態かもしれません。生きているかぎり、わたしたちの自由は、かならず他者の自由とぶつかり合います。四年前の東日本大震災のことを思い起こしてみましょう。あのとき、被災地とその周辺では、物資の不足が予測され、コンビニやスーパー等で日用品の買い占めが起こりました。買い占めた人々は、ただ己れの自由意志に基づいて、ちゃんと金銭を支払って、欲しいだけ物を買ったにすぎません。ところが、それは、自分もまた日用品を手に入れたいという他者の意志を侵害する行為となりました。自由と自由とが無残な形でぶつかり合ったのです。この一例から見ても、わたしたちには無制限の自由などけっして許されてはいないと申せましょう。

わたしたちが暮らすこの日本という国は、平和憲法を持ち、それに基づいて、七十年間も平和を維持してきた国です。そのような国において、わたしたちは、言論の自由を行使してきました。ところが、最近では、この言論の自由を封殺しようとする政治勢力が台頭しつつあります。政権与党内で首相と近い関係にある人々がとある勉強会を開き、その席に招かれた「識者」が、特定の新聞名を挙げて、それらを潰さなければならないと語ったのです。新聞社を潰せという発言も、言論の自由によって保障されていると考えるのは、あきらかに行き過ぎた民主主義というものでしょう。民主主義の内部には民主主義を否定する勢力を抱え込むことはできません。民主主義を否定するがごとき発言は、それが政権与党の中枢部から発せられたものである以上、一種の言論弾圧の意味を内包するものとして、断固として拒否されるべきだと思います。このような、言論の自由に対する圧力が増す現状は、自由が蔑《ないがし》ろにされつつあることを如実に示しています。自由というものは、そこに内含された論理構造から見ても、あるいは外部的な政治状況から見ても、いつもすでに万人によって無制約的に認められているものではないといっても過言ではないでしょう。

自由が無制約的に認められないものならば、わたしたちのあらゆる行為に関して自己責任を問うことは、あきらかに間違っています。わたしたちは、他人の自由を侵害しない範囲、あるいは政治的に認められた範囲でしか自由を行使できないからです。制限された自由の中で行われた事柄に対して全面的に責任を負えと迫ることは、一種の暴力ではないでしょうか。戦禍や疫病に苦しむ人々を助けるために外国に出向き、そこでテロリストに捕らえられて、身の代金を要求されてしまった人に対して、「お前は好きこのんで危険な地域に行ったのだから、自分で責任を取れ」といい放つ人々を見ると、わたしは違和感を覚えてしまいます。彼、あるいは彼女はたしかに已れの自由意志に基づいて危険地域に行きました。しかし、その自由はあらかじめすでに限定されたものにすぎなかったのです。この事例においてもっとも留意すべきことは、彼、あるいは彼女が、日本国民という枠内で自己の自由を行使している点です。初等・中等教育をとおして、もしくは高等教育の中で平和の貴さを教え込まれた日本国民として、彼、あるいは彼女は海外での支援活動を行ったのです。たしかに日本政府は国民に対して、危険地域には行かないように要請していました。その意味では、彼、あるいは彼女の行動はやや軽率だったかもしれません。ですが、彼、あるいは彼女の平和のための活動を否定し、すべては自己責任の問題だといい切る態度を取ることは、戦後七十年のわが国の教育理念を蔑ろにすることにつながりはしないでしょうか。

しかし、それにしても、なぜ自由には限界があるのでしょうか。それはなぜ他者の自由とぶつかり合ってしまうのでしょうか。自由が理想的事態であるとするなら、本来そのようなことがあってはならないはずです。よくよく考えてみれば、不思議なことだといわざるをえません。ですが、これまでこの講義で考察してきた親鸞思想の文脈に基づいて考えれば、それは異様なことでも何でもないように思えてきます。親鸞は自力の不能性ということを強調しました。その存在構造において悪なる人間は、無力であるがゆえに何事も自力で為すことはできない、と親鸞はいうのです。わたしがいま述べたかぎりでの自由とは、自力の営みです。みずから主体的に判断し、その判断に基づいて独力で何の憚りもなく行為すること、それが自由でした。しかし、そういう意味での自由は、おのずからに限界性を抱え込んでいるのではないでしょうか。

わたしたち現代人は、自分が自分の意志に基づいて主体的に行為しうるということは至極当然のことであり、そこには何ら疑念を差し挟む余地はない、と考えています。しかし、わたしたちは、本当に自分の意志にのみ基づいて行為することができるのでしょうか。親鸞にも悪の原因を宿業と見る認識があったことは、先に述べたとおりです。宿業論は、かならずしも現代的な意味での因果必然性論と同義であるわけではありません。わたしの宿業は、ほかならぬわたし自身の宿業であり、そのかぎりにおいて、宿業に関してはこのわたしが責任を負わなければならないというのが、親鸞の認識だったとわたしは解しています。ですが、宿業に縛られているということは、わたしたちが本質的には完全なる自由を手中に収めることができないということを意味しています。たしかにわたしの行為は、主体的に為されうるものでしょうし、そのかぎりにおいて自由に根ざしているといえます。ところが、その自由は、常に必然的な何ものかと背中合わせになっているのです。

この講義を受講しておられる方々にとってはあまりにも当然のことであり、説明するまでもないのですが、わたしは、現在筑波大学の哲学・思想専攻の教授として教壇に立っています。わたしは、この講義で、自分が話したいことを自由に話しています。しかし、その自由は、わたしがみずから主体的に行使しているものではありません。わたしは筑波大学の卒業生です。つまり、いわゆる母校帰りをした人間です。わたしが母校に帰れたのは、たまたま自分が専攻している日本思想のポストに空きができたからです。このポストが埋まっていれば、わたしは帰れなかったのです。この事実は、いまわたしが筑波大学の教壇に立って話をしているということ自体が、わたしの主体性に基づく行為ではなく、いわば一種の運命のようなものに基づいていることを、端的に物語っています。

ことほどさように、わたしたちは、自分の力で何かを為そうとしても、完璧にそれを為しうるようにはできていないといっても誤りではないでしょう。親鸞が示唆するように、自力には限界があるのです。その限界が、自力の自由を制約していることは厳然たる事実ではないでしょうか。わたしたちの日常生活を眺めてみましょう。たとえば、わたしの家の前には近所の人たちがゴミを置く、ゴミステーションがあります。決まった曜日に、決められた種類のゴミを置く分には何の問題もないのですが、近所の人たちの中には、生ゴミの日にビンや缶を置く人がいます。そうなると、ゴミステーションはじつに汚らしいものになります。

わたしは、毎日そうはならないように願っています。ところが、いくら願っても、わたしが思うように清潔にはなりません。こればかりは、いくらわたしが自力の自由を主体的に行使してみてもどうにもならないのです。そのことをまざまざと知らしめられて以来、わたしは阿弥陀様に祈ることにしています。「どうか、今日はゴミステーションが清潔でありますように、南無阿弥陀仏」と。

もちろん、こうした祈りの在りようが親鸞思想の文脈から見て誤っていることは歴然としています。親鸞は「至心《ししん》」「信楽《しんぎょう》」「欲生《よくしょう》」の「三心」を説いた人です。真心を以て弥陀から信心を頂戴し、それを喜びながら、ひたぶるに往生を願って称えるべきものが、「南無阿弥陀仏」の名号であるというのが、親鸞の考え方です。己れの願望を満たすための念仏は、正しいものではありえません。それは邪《よこしま》な念仏であり、厳密には念仏の名に価しないといってもよいでしょう。しかし、それでもなお、わたしはゴミ問題の解決という日常におけるごくごく小さな事柄でさえも、弥陀に頼らざるをえないのです。

ゴミ問題だけではありません。日常生活のほとんどすべての些事が、自力では解決不可能といってもよいでしょう。風呂を沸かす給湯器が壊れれば、わたしは自分で直すことができません。ガス器具会社の修理を専門とする人に電話をかけ、その人が家に来てくれるのをひたすら待つことしかできません。そのようにして生きているわたしは、己れの力には限界があるという事実を日々まざまざと見せ付けられているという次第です。この講義を聴いていらっしゃる皆さんも、わたしと同類の体験を数多くなさっているのではないでしょうか。そのような体験が累積すると、わたしたちは断言せざるをえなくなります。自力には限界がある、と。自力に限界があるかぎり、わたしたちが主体的かつ独自に行使する自由に制約があるのは当然のことではないでしょうか。

もちろん、ある種の政治情況が自由を圧殺するということはあってはならないことです。権力の側が、言論の自由やそれに伴う思想、信条の自由を押さえ込もうとする場合には、わたしたちは可能なかぎり抵抗しなくてはなりません。そうしなければ、わたしたちの社会は、七十年前のあの戦争のときと同じような暗黒の社会となってしまうことでしょう。そのことを承知の上であえていうならば、あらゆる政治情況とは無関係にわたしたちが全面的に自由であるということは、やはりありえないことだと、わたしは思います。先にも触れたように、民主主義の社会は、民主主義を否定する政治情況を容認するわけにはゆかないのです。言論、思想、信条の自由が保障されているとはいえ、言論、思想、信条の自由を否定する言論、思想、信条は、民主主義の内部では許されえないのです。

以上のような意味で自由にはさまざまな限界があります。そしてその限界は自力の限界に根ざしているといえます。主体的に何事かを語りかつ書くことが自由として認められているからといっても、自由を否定する言説は許されないのです。わたしたちの言説は、社会的規制の枠内にあり、それこそは、自力によって踏み超えられない限界というものです。しかし、もしこのように自由というものに限界があるとすれば、わたしたちはただ諦めてその限界を黙視しているだけでよいのでしょうか。わたしは、そうではないと思います。わたしたちには、自力の自由とは異なる自由がある、わたしはそう考えます。そして、その異なる自由とは、親鸞思想の文脈に基づいていえば、「他力の自由」ということになろうかと思われます。では、他力の自由とは何でしょうか。端的にいえば、他力とは「おまかせ」の境地に生きることであり、対他依存的な態度です。このような依存的な境位が、はたして自由と結びつきうるのか否か。わたしたちは、己れの未来を切り開くためにも、このことを問わざるをえません。

二　他力の自由

歎異抄第七条によれば、親鸞はあるときこういったとのことです。「念仏者は、無碍《むげ》の一道なり。そのいはれいかんとならば、信心の行者には、天神・地祇も敬伏《きょうぶく》し、魔界・外道《げどう》も障碍することなし。罪悪も業報を感ずることあたはず、諸善も及ぶことなきゆゑなり」と。念仏を称える行者は、何ものにも遮られない道を歩むものだというのです。天の神や地の神も敬い伏し、魔の世界に住むものも、仏教以外の教えを信奉するものも、いかなるものも念仏の行者を邪魔することはできない、と親鸞はいっています。何ものによっても遮られないのは、念仏の行者が、己れのすべてを弥陀に委ねているからです。すべてを弥陀のはからいに任せる人は、己れ自身に属する事物をすべて捨て去っているはずです。己れ自身に属する事物とは、金銭や地位や名誉等々です。これらのものを擲って、ただ弥陀の思し召しにのみ従う人が、念仏者であり、彼もしくは彼女は、一切を捨棄しているがゆえに、外部の何ものにも煩わされることがないのです。この「煩わされない」ということが、「無碍の一道」を歩むということであり、現代風にいえば、意志の自律性であると申せましょう。念仏者は、全面的に他力に依拠することによって、己れのはからいを捨てきっているがゆえに、自由なのです。

このように、親鸞は「他力の自由」ということを、わたしたちに教えてくれています。絶対他力の境地に立てば、己れが己れを律するということはありえても、他者・他物に生きることの邪魔をされるということはありえません。己れが己れを律することは意志の自律ということを意味しています。意志の自律が自由を阻害することなどありえません。他力、それも阿弥陀如来に一切を委ねるという絶対他力の境位は、わたしたちに自由を保障してくれるのです。ただし、この自由はすべてを弥陀におまかせにし、自分では何も考えないし、何もしないということではありません。すべてをおまかせにした上で、なおかつ考えるべきことは考え、みずから為すべきことは為してゆくこと、これこそが、真に自由へとつながる道でありましょう。

この自由に関しては、困ったことが一つあります。すべてを弥陀に委ねたのだから、自分は完全なる無になったと考えること、それ自体は釈尊の無我の教えに従うもので、何の問題もありません。無、あるいは絶対無は仏教的には「空」と呼ぶべきでしょう。しかしながら、自分は空になったのだから、どんなふうに生きようが勝手であると考える人がいるとすればその人は自由に関して心得違いをしているといわざるをえません。それが困ったことです。空になるというのは、勝手放題になることではなく、無所有となることです。無所有とは、金銭や地位や名誉等々が自己の所有物ではなく、仏の物だと考えること、すなわち、蜂屋賢喜代師のいう「仏物主義《ぶつぶつしゅぎ》」(『四十八願講話』)に立つことです。たとえば、自分がいかに富んでいようとも、その富はすべて仏様から頂戴したもので所詮己れの周囲を通り過ぎ、やがては遠くへ去ってゆくものだと思うこと、それが仏物主義です。この境地に立脚すれば、ほかならぬ己れ自身が本来は仏物であり、自分のものではないと考えることができるようになります。わたしたちは、自分のものではない自分が自分を勝手放題に扱えるとは、とうてい考えられなくなるでしょう。

以上のように見てくると、意外にも、弥陀にすべてをおまかせするという対他依存的在りようが、自在さの極致ともいうべき自由を保障してくれることが分かります。もちろん、わたしたち現代人が依存すべき他者は、阿弥陀仏だけには限定されません。キリスト教の神であっても、儒教の聖賢であっても、あるいは神道の神々であってもかまわないのです。絶対的で超越的な何ものかに依存する、すなわち、すべてをまかせきることによって、わたしたちは、絶対的な捨棄の精神を体得し、そこから他力の自由へ向かって歩み出るのだ、と申せましょう。

ただし、くどいようですが、他力の自由とは、自分では何も考えなくてもよいし、何もしなくてもよいということを意味しているわけではありません。先に考察したように、親鸞は、存在論的な悪性のゆえに無力をかこつわたしたちが、還相回向へと打って出ることを求めていました。親鸞の場合、還相回向も厳密には弥陀のはからいと考えられています。しかし、弥陀のはからいは、わたしたちに還相回向へと向かう姿勢を植えつけるだけで、具体的に何をすべきかということまで決定づけるわけではありません。困惑し困苦している他者に対して、何をなすべきかは、わたしたちがみずから考えるべき問題です。わたしたちは、他力の自由を、みずから考え、みずから為すことによって、行使しなければならないのです。このようにいうと、親鸞思想に詳しい方々は、それは親鸞の思索からの逸脱だ、とおっしゃるかもしれません。最後の段階で「みずから」ということが出てきてしまうならば、それは絶対他力ではないのではないかという疑問に曝されるのも当然のようにも見うけられます。しかし、親鸞は、弥陀にすべてを委ねた者、すなわち真に信を与えられた者は、その信を喜びかつ楽しみ、倫理的・道徳的善へと向かうと考えています。わたしたちが善へと向かうことができるのは、仏性を持つからです。信を与えられる以前には悪性にのみ蔽われていたわたしたちは、それを頂戴した刹那から、自らの内面に善性を掻き抱くことになるのです。還相回向とは、そのような善性の端的な発露というべきでしょう。したがって、そこに自力のごとき要素がないまぜになっていたとしても、特段問題視する必要はありますまい。なぜなら、それは一見自力のように見えるだけで、その背後には仏性に基づく善性を存在せしめる力、すなわち弥陀の本願力があるからです。

そして、さらに注意を要するのは、他力の自由は、自力を極めた果てに生まれるものだということです。親鸞の絶対他力の境地は、彼が二十年間にも及ぶ叡山での自力の修行に破れるという峻酷な体験を経て得られたものです。懸命になって、自力に自力を尽くし、それでもなお己れの煩悩を捨棄し尽くすことができないという峻厳な現実が、親鸞を絶対他力の教えへと導いたのです。このことを失念して、ただおまかせの境地のみを強調するような態度は、放逸無慚《ほういつむざん》としか形容しようもありません。わたしたちも、まずは自力を尽くし、自力の自由に生きるべきです。そして、自力の自由を行使するだけではどうにも生きられなくなったとき、初めて他力の自由に縋るべきだ、とわたしは考えます。

自力を尽くすということは、たとえばこういうことです。現在、政府は安保法制をめぐって、この国を戦争のできる国に変貌させようとしています。各種世論調査によれば、この政府案には六割前後の国民が反対しています。第二次世界大戦後七十年間、戦争で一人の外国人も殺さず、一人の日本国民の戦死者も出さなかったこの国の在りようを重んずる人々は、おのずからに政府の安保法案には反対することになるはずです。わたしも、この法案に反対する者の一人です。わたしたちは、政府が国会を通過させようとしているこの法案に、まずは自力で立ち向かわなくてはなりません。反対派の集会に参加したり、あるいはそれぞれの職場で反対の態度を明確にし賛成派を説得したり、といった形で何らかの行動に打って出ることが、自力を尽くすことだと申せましょう。こうした自力の努力をしないで、ただ法案が通らないことを祈っているだけではどうにもなりません。もちろん、宗派の違いを超えて、祈りというものは大切です。しかし、ことが政治に関わる場合には、祈っているだけではどうしようもないのです。わたしたちは、精一杯自力の努力を為し続けるべきでしょう。そして、もしその自力の努力が挫折したならば、そのとき、初めてわたしたちは他力に寄り縋ることになるでしょう。この場合、他力とは、自分とその周囲の人々以外のより広い層の人々に期待を寄せることだと思います。すなわち、より広い層の人々が、政府案に反対する大きな勢力を築き上げてくれることを、ひたぶるに願うのです。

このように、他力の自由は自力の自由が行き詰まった果てに開かれるものです。他力の自由とは、何ら形容矛盾ではありません。そこに含まれる対他依存性は、超越的で絶対的な何ものかへの依存性であって、現実生活の中で権力者に阿ったり縋りついたりすることではありません。超越的で絶対的な何ものかとは、自己の無力を覚える人々が、その無力さの彼方にかすかに垣間見るものです。己れの無力を簡単に諦めてしまう人や、あるいは万能感を掻き抱き、己れの無力さをまったく自覚しない人には、超越的で絶対的な何ものかは、けっしてその姿を示すことがありません。わたしたち現代人はともすれば万能感に浸りがちです。ボタン一つですべてが可能になるような利便性に満ちた生活を送っていると、何もかもが自分の思いどおりになるかのような錯覚に陥るものです。しかし、じつは、わたしたちは自分の力ではほとんど何もできないのです。そのことは、この終章ですでにいくつかの例を挙げて述べたとおりです。何もできない自分が、この広大な世界の片隅に生きている事実、この事実をじっと見詰めるならば、わたしたちには「不可思議」という感覚が萌すことでしょう。なぜ自分のような無力で、それゆえに無価値なものが生かされているのか。そういう疑問を持つとき、わたしたちは初めて超越的で絶対的な何ものかに触れるのです。

そもそも、わたしたちの生命そのものが神秘に満ちています。身体の各部分が一つの無駄もなく構成されている在りよう、あるいは、体内の細胞が常に生きる方向へとわたしたちを導く在りよう、そうした生命の姿を目の当たりにするとき、これを造ったのはわたしたち自身ではない、ということがはっきりしてきます。そのとき、わたしたちは思うはずです。わたしたちは、何か己れを超えた力によって生かされている、と。そうした思い、あるいは感覚が、わたしたちを、超越的で絶対的な何ものかの存在を信ずる方向へといざないます。他力の自由とは、そうした超越的で絶対的な何ものかに全身全霊を委ねることによって成るものです。

繰り返し強調するならば、それは、超越的で絶対的な何ものかに向かってすべてを放擲することであり、己れが無一物となることです。わたしは、これを蜂屋賢喜代師のことばを借りて、かりに「仏物主義」と名ざしておきました。いまは、その名称を変更してもよいと思っています。すなわち、「超越者（絶対者）がすべてを所有しているという考え方」と呼んでみてはいかがでしょうか。このように名称を変えれば、在来の宗教の枠組みを超えて、多くの方々の賛同を得られるのではないかと思います。すべては超越者・絶対者の持ち物であり、わたしたちは、その持ち物の現世におけるかりそめの所有者にすぎない。そう思うと、いやが上にも「本来無一物」の自覚が生じてくるでしょう。本来無一物であるがゆえに、わたしたちは、何ものにもとらわれる必要がないのです。このことを認識するとき、わたししたちの眼前には他力の自由が、厳然とその姿を開示することでしょう。

そうすると、もし自力の自由の果てに成立する他力の自由を阻むものがあるとすれば、それは無一物主義を否定する何ものかであるということになるでしょう。いったい何ものがわたしたちの無一物主義を無《な》みするのでしょうか。端的にいって、それは煩悩だと思います。現代社会は、物に溢れ、それゆえに物欲に満ちた煩悩の世界です。この煩悩の世界の中で、いかにそれを超克していけばよいのか。それが、わたしたちに残された最後の課題のように思われます。ただし、親鸞は、煩悩具足の凡夫の往生ということを第一義的に考えた宗教思想家でした。一見すると親鸞思想は、わたしたちが無数の煩悩を抱え込んだまま存在することを肯定しているように見えるのですが、それは錯覚でしょうか。最後にこのいささか入り組んだ問題を考察し、それを以てこの講義全体の結びとしたいと思います。

三　煩悩の問題

親鸞は、煩悩具足の凡夫を救う教えを説きました。ただし、親鸞が生きた社会は、食料などの必需品にさえ事欠く社会であり、そこに巣くう煩悩とは、ごく限られたものだったといえましょう。たとえば、腹一杯食事をしたいとか、ぼろ布を縫い合わせたような衣服ではなく、ちゃんとした木綿の着物を着たいというような素朴な願望、あるいは、領土欲や権力欲などが、人間は皆煩悩具足の存在だと親鸞が主張する際の煩悩でした。腹一杯の食事を求めることも、木綿の衣服に憧れることも、さらには領土欲や権力欲も、いずれも仏教の無一物主義に反するという意味では、捨棄すべき欲望です。しかし、その程度の欲望、すなわち煩悩は、生産力の発展や社会の仕組みの変化とともに自然に消滅してゆくものです。親鸞は、おそらく、親が子をかわいがる愛執や、恋人をわがものにしたいという愛執なども煩悩と見なしていたことでしょう。そうしたごく自然な感情も、時の変化に連れて次第に治まってゆくものです。身を焦がすような欲情が、年齢を加えることによって次第に消えていく姿は、親鸞自身が己が身をとおして実地に体験したことでもありましょう。親鸞の時代の煩悩は、総じて、いかにしても動かしえない、果てしない欲望ではなかったように見うけられます。

ところが、わたしたち現代人の欲望は果てしのないものです。日本という国の現状を考えれば、生活必需品を手に入れられない人など、ごく稀にしか存在しないと思います。国民の大多数が、潤沢な生活必需品を手に入れ、さらにはテレビや自家用車などの、趣味的な贅沢品を所有しています。それにもかかわらず、わたしたちの欲望は、けっして充足されていません。わたしたちは、すでにテレビを持っているのに、さらに性能のよいテレビを求めて、まだ使える古いテレビを廃品にしてしまいます。自家用車を所有しているのに、燃費が悪いとか型が古くなったとかさまざまな理由をつけて、新車に買い換えたりしています。満たされればさらに新たな欲動が湧くというのが、人間の偽らざる姿であることを、わたしたちの現実ははっきりと示しているといってもよいでしょう。親鸞は、現代人のこのような欲動をやむをえざる煩悩として容認するのでしょうか。わたしは、違うと思います。親鸞は、人間が生き抜くために何ものかを求めるぎりぎりの欲望を煩悩と規定しました。生活必需品が十二分に有り余った状況の中で、さらに無数の贅沢品を購入したいと願う欲望を、親鸞は、けっしてやむをえざる煩悩とは認めないと思います。

親鸞に関しては、しばしばとんでもない誤解がなされることがあります。その一つが、親鸞はあらゆる欲望を認め、どのような強欲な人間であってもかならず弥陀の救いに与かると考えていた、と説くものです。いうまでもないことですが、親鸞は仏教徒です。釈尊の教えを奉じています。釈尊は、無我を説き、無所有の理想に生きました。その教えを継承する親鸞が、かぎりのない所有欲を認める立場に立っていたとはとうてい考えられません。もし親鸞が現代に現われたなら、彼はわたしたちの果てしのない欲望を、絶対に許されない煩悩と見なすことでしょう。無所有の理想を忘れ、すべてを手に入れなければ気持ちが治まらないわたしたちは、親鸞の目から見れば、仏教から逸脱した救われがたき存在ということになるのではないでしょうか。親鸞は、このような生き物が、支配者然として地上に君臨している姿をけっして容認しないと思います。必要最低限の物品が与えられただけで満足する。余剰品は必要に応じて他者に分け与える。そういう精神こそ、親鸞が求める境地ではないでしょうか。親鸞もやはり、釈尊の教えに従う仏者の一人として、無所有の理念に、すなわち無一物主義に立っていたものと考えられます。

無制限な欲動に駆られるわたしたちの在りようは、親鸞思想の文脈に忠実にこれを見るかぎり、弥陀の救いから漏れた謗法《ほうぼう》・闡提《せんだい》の姿を呈しているといえましょう。親鸞は、謗法・闡提の類いが、懺悔を通して救われるという認識を持っていました。このことは、すでに述べたように、『教行信証』の信巻が涅槃経からアジャセ王の物語を大部にわたって引用していることからもあきらかでしょう。しかし、親鸞は懺悔なき謗法・闡提が、無際限な欲動に駆られたままで浄土へと往生することを、けっして認めてはいません。親鸞思想は、無限の欲望を抱え込んだまま生きている現代人に、警鐘を打ち鳴らすものでこそあれ、現代人の現にある姿を容認するものではありえない、というべきでしょう。親鸞思想に内含された、無所有の理念、すなわち無一物主義に着目するとき、わたしたち現代人は、ともすればその思想を時代遅れの骨董趣味と見なしがちです。高度情報社会の中で、他者よりもより早くより多くの富を獲得することに躍起となっているわたしたちは、高度情報社会を否定するすべての思想や哲学を時代遅れとして拒絶しようとします。その結果、古典的な思想・哲学の研究は国立大学では不要であるという認識が、政府の側から公然と提示されるに至っています。

しかしながら、無所有の理想、無一物主義は、現代的現実から排拒されてよいものではない、とわたしは思います。それどころか、無所有の理想、無一物主義に立つことによって、解決が可能になる重大な問題が現代社会の中には多数あります。わたしは、その一つが領土問題だと思います。

わたしたちの国、日本は、竹島の領有権をめぐって韓国と、尖閣諸島の領有権をめぐって中国と争っています。竹島に関して、日本政府は領土問題があることを一応は認めているようですが、尖閣諸島に関しては領土問題は存在しないというのが、日本政府の基本的態度です。ですが、中国政府はあくまでも領土問題の存在を主張し、領有権は自国に在るとして一歩も譲らぬ構えを見せています。このままでは、竹島問題も尖閣問題も、どちらも解決不可能なままとなり、対韓・対中関係にひびが入った状態が続くことでしょう。日本政府が国会で安保法案を通過させようとする、その真の意図の一つは、対韓関係はともかくとして、対中関係を、武力によって、あるいは武力を背景とする恫喝によって、わが国に有利な方向へと導こうとする点にあるのかもしれません。しかし、領土問題の武力による解決は、一見合理的に見えて、じつはこれほど不合理なことはありません。武力による解決は当事国双方に怨恨を残し、それが将来の国際関係を危うくする動因となってしまうからです。

親鸞思想に孕まれた無所有の理想、無一物主義は、こうした領土問題を解決するための、一つのよすがを与えてくれるのではないでしょうか。竹島も尖閣諸島もじつは誰のものでもない、仏の物なのだ、と考えるとき、すくなくともわたしたち日本人の側は、領有権に関する強引な主張を自己批判することが可能となるでしょう。世の中には何一つとして、己れ一人が占有する権利のあるものはない、という発想が領土問題に適用されれば、最低限、「譲り合い」という選択が仄見えてくるのではないでしょうか。竹島も尖閣諸島もわが国固有の領土だと考える人々は、「譲り合い」と聞けば激怒するかもしれません。しかし、そうした人々はあまりにも所有欲に引き摺られすぎているのではないでしょうか。竹島も、尖閣諸島も、誰かのものになるべくこの世界の内に生まれてきたものではないでしょう。ほんとうは仏（あるいは超越者・絶対者）以外の所有者などどこにもいないのです。日本国民にも韓国民にも、あるいは中国民にも、このことを理解するのは、難しいことかもしれません。ですが、それでもなお、仏教国日本に生をうけたわたしたち日本人は、領有権の確然としない領土に関しては、あくまでも話し合いによって問題の解決を図るべきではないでしょうか。話し合いは、友好関係のもとでこそ可能となります。韓国や中国との間に、深い友愛に満ちた関係を築き上げ、そのもとで譲り合いの精神を以て話し合うことこそが、領土問題のほんとうの意味での解決につながるのではないか、とわたしは思います。

無所有の理想、無一物主義は、わたしたちに平和をもたらします。国際問題に関してのみならず、国内のさまざまな問題に関しても、それは有効に働くことでしょう。何よりも、わたしたちの内面性が豊かになります。衣服一枚、米一合、シャープペンシル一本にしても、じつは「わたしのもの」ではない、それはいまかりにわたしのもとを通過しているだけだ、と考えるとき、わたしたちは、すべてのとらわれの感情から解放されます。何かにとらわれること、すなわち愛執は、苦です。親鸞思想は、そして、仏教は、政治問題のような外的な問題を解決するためのよすがとなると同時に、わたしたちを内面の苦から脱却させる強い力ともなりえます。わたしは思います。いまこそ、親鸞思想が、そして仏教が見直されるべきときである、と。

以上で、わたしは、この講義を終えたいと思います。釈尊の仏教から浄土教思想へと至る流れの中に親鸞を位置づけ、さらに親鸞思想の核心に迫ろうという試みが成功を見たかどうかは分かりません。しかし、親鸞思想が現代にも息づきうる可能性はある程度まであきらかになったのではないかと思います。もちろん、現代社会の諸問題を網羅的に扱うことはできませんでしたし、そのかぎりにおいて、この最終章の考察は中途半端なものに終わったというべきなのかもしれません。けれども、親鸞思想が、一宗派の内部に逼塞《ひっそく》するものではなく、社会問題に対しても物申すものでありうることだけは、明確になったのではないでしょうか。悪人正機説を解釈する際、わたしは、親鸞のいう「善人」を貧困階級と見なし、「悪人」を富裕階級ととらえる見解を親鸞思想の核心から逸脱するものとして批判しました。しかし、その見解のうちに含まれた、親鸞を宗教的社会改革者ととらえようという姿勢は、あながち的外れではなかったように思います。親鸞は、社会的あるいは内面的に困窮する人々に暖かい眼差しを投げかけつつ、傲慢に欲望を追求し続ける人々に厳しい戒めの視線を投じた宗教思想家でした。その親鸞がもし現代に生きていたならば、彼は、さまざまな場面でわたしたちに警鐘を打ち鳴らしつつ、わたしたちを在るべき姿へと導いてくれるように思います。歴史に「もし」を持ち込むのは禁じ手ですが、あえてそのような禁じ手をおかすことを以て、この講義全体のまとめとしたいと思います。長期にわたってお付き合いいただき、ありがとうございました。

あとがき

この書は、筑波大学人文学類哲学主専攻倫理学コースの専門科目「日本倫理思想史」の講義内容をまとめたものです。序章から第二章までは、前期の講義に、第三章と第四章は後期の講義に、それぞれ相当します。終章は、この書をまとまりのある書として仕上げるために、あとから書き加えたものです。

わたしが初めて親鸞に接したのは、三十年近く前、福島県須賀川市の病院に入院中のことでした。手術後の無聊を慰めるために、歎異抄を読んだのがきっかけとなり、以後『教行信証』などに手を染めて、自分なりに真剣に親鸞研究に取り組むようになりました。しかし、わたしの研究が我流《がりゅう》であることは否めません。わたしは、真宗教学を本格的に学んだことがないからです。教学をまったく理解せずに親鸞に取り組むことは、虚空を摑むことにも似た愚挙であったかもしれません。自分の親鸞研究には何の客観性もない。常にそういう思いにとらわれながら、わたしは、多くの研究者や念仏者の著作を読んでみました。けれども、自分なりに腑に落ちる言説をそこに見いだすことはできませんでした。わたしには、親鸞思想の核心をなすものは「悪」の問題であるように見えたのですが、そうした視点から親鸞を解き明かそうとする論は、どこにも見当たらなかったからです。わたしは、自分の読みが浅いのではないかと思い始めました。自分は根本的に間違っているのではないかという、引け目のようなものがずっとわたしをとらえていました。

そんなある日のことです。妻の書棚に『歎異抄講話』という書を見つけました。何気なく拾い読みをしてみて、驚きました。その書は、親鸞は万人悪人説に立っていたと説いていたのです。「これだ！」と思いました。わたしは貪るようにその書を読みました。目から鱗が落ちるように、それまで懐いていた数多《あまた》の疑問が氷解していきました。以後わたしは、人並みに親鸞について論じることができるようになりました。その書の著者は、蜂屋賢喜代《はちやよしきよ》。明治の末期から昭和の中期にかけて活躍した、大阪の念仏者で、しかも妻の父方の祖父でした。妻の祖父であるということは、いうまでもなくわたしの義理の祖父であることを意味しています。わたしは、親鸞に関して理解不能な問題が出来《しゅったい》したとき、かならず蜂屋賢喜代師の書を読むようになりました。賢喜代師の著書はそんなに多くはありません。わたしが現在把握しているところによれば、賢喜代師の真宗関係の著書は、『歎異抄講話《たんにしょうこうわ》』のほかに『正《しょう》信偈講話《しんげこうわ》』『四十八願講話《しじゅうはちがんこうわ》』『蓮如上人御一代記聞書講話《れんにょしょうにんごいちだいききがきこうわ》』くらいのものです。しかし、それらはいずれも、わたしに強烈な刺激を与え、わたしを独自の親鸞解釈へと導いてくれました。

法然は、浄土宗を開宗し、布教活動を展開するに当たって、「偏依善導《へんねぜんどう》」という立場を公にしました。偏に善導一師に依拠するというのです。それは、善導以外のすべての念仏者を無視するということではありませんが、もっぱら善導に導かれて善導のごとくに考え抜くということを意味しています。法然の弟子であった親鸞も、当然ながら善導を重視しています。しかし、親鸞は「偏依善導」という立場には立ちません。親鸞にとって「よき人」とは法然のことであり、彼は終生法然の忠実な弟子としての姿勢を崩すことがありませんでした。法然上人がいらっしゃるところであれば、たとえ悪道でも付いて行こうという態度を貫いた親鸞は、いわば「偏依法然」という立場に立っていたと申せましょう。法然が善導を唯一の師とし、親鸞が法然を唯一の師としたように、わたしは蜂屋賢喜代師をたった一人のかけがえのない師と考えています。

賢喜代師の『四十八願講話』は、弥陀の四十八願をじっくりと味わう名著です。この書は、師の没後十七年もの間篋底《きょうてい》に眠っていました。それをとある出版社が見つけ出し、出版に至ったのです。わたしは、寡聞にして、この書以外に弥陀の四十八願を解き明かす書があると聞いたことがありません。その意味でも貴重なこの書が数奇な運命を辿ったことは、いまのわたしに対して何かを暗示しているように思えてなりません。わたしのこの『私釈親鸞』も篋底に眠り続けるかもしれません。しかし、いつかは陽の目を見、たとえ少数とはいえ読者を獲得する日が来る。そう信じながら、このやや冗長な「あとがき」を閉じたいと思います。

二〇一五年七月一三日　つくば市梅園の茅屋にて

伊藤　益

（謝辞）この書は、北樹出版社長木村哲也氏のご厚意により、意外にも脱稿後三ヵ月で公刊される運びとなりました。木村氏に篤く感謝するとともに、行き届いた校正をしてくださった、同社編集部の古屋幾子氏にも御礼を申し上げます。また本書の草稿を読み、さまざまな助言をしてくれた妻にも感謝したいと思います。

［著者略歴］

伊藤　益（いとう　すすむ）

1955年　京都市に生まれる
1986年　筑波大学大学院博士課程哲学・思想研究科修了
（文学博士の学位取得）
現　在　筑波大学人文社会系教授
主要著書
『ことばと時間―古代日本人の思想―』（大和書房，1990年－1992年度和辻賞受賞）
『日本人の知―日本的知の特性―』（北樹出版，1995年）
『日本人の愛―悲憐の思想―』（北樹出版，1996年）
『「信」の思想―親鸞とアウグスティヌス―』（北樹出版，1998年）
『日本人の死―日本的死生観への視角―』（北樹出版，1999年）
『旅の思想―日本思想における「存在」の問題―』（北樹出版，2001年）
『親鸞―悪の思想―』（集英社新書，2001年）
『高橋和巳作品論―自己否定の思想―』（北樹出版，2002年）
『歎異抄論究』（北樹出版，2003年）
『愛と死の哲学―田辺元―』（北樹出版，2005年）
『危機の神話か神話の危機か―古代文芸の思想―』（筑波大学出版会，2007年）
『鬱を生きる思想』（北樹出版，2012年）
『自由論―倫理学講義』（北樹出版，2014年）

私釈親鸞

2015年10月10日　初版第1刷発行

著　者　伊藤　益
発行者　木村哲也
印刷　新灯印刷　／製本　新里製本

発行所　株式会社　北樹出版

http://www.hokuju.jp

〒153-0061　東京都目黒区中目黒1-2-6
TEL：03-3715-1525（代表）　FAX：03-5720-1488

　ISBN 978-4-7793-0478-1